班主任工作
思维导图

Mind Mapping Class Teachers' Work

陈宇——著

教育科学出版社
·北京·

目录

上篇
管理班级的方法

下篇

班级的人本管理与班级文化建设

自　序

　　我大约是在两年前产生了写作这本书的想法。本书所有的图都是我凭自己的感觉和理解作的。当我发现制作思维导图居然有专门的培训课程，要花高价才能学到，甚至思维导图本身已经成为一个专业时，我有些后怕，因为我不知道我做的这些东西算不算严格意义上的思维导图。于是，我总是这样安慰自己和别人："思维导图是不用专门学的，它就是个工具。我们用这种工具把自己的思维方式或思考过程直观地表达出来即可。仅此而已。"换言之，我理解的思维导图，就是你是怎么想的，就把它用图的方式画出来。从本质上说，这与以往我们用文字表达思想是一样的，只是这种方式更加简洁、直观。

　　好在我是研究班主任工作的，不是研究如何制作思维导图的。这本书是给班主任看的，不是给"思维导图专家"看的，所以不怕贻笑大方。只要班主任能看懂，就达到了目的。

　　一个从没学过思维导图的人居然能用思维导图做一本书。我想这只能说明一个问题，那就是思维导图的关键是"思维"而不是"图"。画与不画，思维就在那里。当然，画图也可以帮助思考。思维可以画成图，制作技术不同，图的精美度不同。然而没有思维，再好的制作技术也没用。

　　我在 2014 年出版的《班主任工作十讲》的自序中，明确提出了"班主任思维"的说法，这与"班主任专业化"的提法是相匹配的。因为做专业的事，就要用专业的方法和工具，就要具备专业的思维。而现在的状况是，很多班主任在用非专业的方法做着这项专业的工作。虽然目前学生教育中出现的各种问题，与社会、与体制高度关联，但就我个人的理解，与教师工作的关系更为直接。一个个具体的学生和家长，面对的是一个个具体的教师（而不是体制）。非教育专业出身的学生、家长以及社会人士对教育的理解主要来自自己或自己孩子遇到的教师。社会各界对教师的评价褒贬不一、对教育的理解是片面的，皆因这种评价和理解带有浓厚的个人情绪色彩。

　　为什么班主任自认为工作很辛苦，但很多人却不太认可？这还是由班主任工作的专业性不强造成的。我们过去总是强调班主任工作的辛苦，强调班主任要有爱心。但是，哪一个行业不辛苦呢？辛苦谁不会呢？谁都会说自己有爱心。所以，辛苦和爱心不能体现班主任工作的价值。如果班主任的工作给业外人士的感觉是"这事我也能干，说不定还比你干得好"，那么，他凭什么尊重你的工作？

什么时候班主任的工作变得无可替代，变得不是什么人都觉得自己也能做得好了，班主任的地位就提高了。要做到这一点，班主任的工作就必须有专业性，有技术含量。没学过医的人不敢随便给人看病开药（也不允许），就是因为医生专业性强。医生的专业性就是他有权威的基础。那么，班主任的专业性呢？

班主任工作的专业性体现为在处理学生个体和班级整体出现的问题时，能根据具体教育对象和情境，综合运用教育学、心理学、管理学的知识和技能，采取得当的教育方法，制定合适的教育方案并实施。其中，既有在其他行业广泛应用、经过改进适合学生和班级的方法，如科学管理、有效沟通等，也有仅从事班主任这项工作才需要的专业方法，如设计主题班会课（很多班主任其实不知道如何设计主题班会课）等。这些方法显然不是靠读几本教育理论书或者因为做许多年班主任而积累了丰富的经验就能掌握的。

要想让班主任工作更有专业性，就必须不断思考。"思考，思考，再思考"，这是我在一次大型会议上对班主任的建议。比如，把任何学生问题放在一个"三维动态"模型中去研究（见图1）。

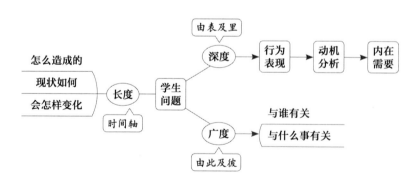

图1 班主任思考问题的"三维动态"模型

第一个维度是深度。教育不能像蜻蜓点水，要有纵深思考，由表及里，从"他的表现是什么"到"他为什么会这样"。第二个维度是广度。学生出现的问题不是孤立的，与他身处的环境和周边的人或事有着密切关系，要由此及彼地思考，把孤立的点连成一个面。第三个维度是长度，即时间轴。很多看上去是突发的问题，其实都有一定的成因，而它未来的走向更需要教师的关注。教育要考察过去，诊断当下，着眼未来。

本书试图呈现的，正是班主任的这种专业思维方式，它体现了这项工作独一无二的价值。

与文字相比，思维导图有很多优势。它可以用简洁的方式把想法很直观地呈现出来，省去了冗长的文字表述。从一个观点到一本厚书，都可以用一张图概括。用思维导图做读书笔记会很有条理。用思维导图列出提纲指导写作，文章会很有逻辑性，而且结构更完整。反过来，如果一个人的想法不能用思维导图表达，则说明其思路或者逻辑有问题。曾经有一位教师，一边听我的课一边用思维导图做笔记。下课后他告诉我，我的讲座有一部分内容很难画出思维导图。我意识到讲座的这部分内容逻辑上可能有问题，给听众造成了困惑。回去一检查，发现果然如此。于是立即修改，后来的讲座就顺畅了许多。

思维导图在班主任工作中的应用极广（见图 2）。本书共呈现了 165 张思维导图，这让我对今后写作它的续篇甚至更多后续作品充满了信心。但这确实是一项艰巨的任务。看似简单的一张图，往往需要花几个小时制作，还要反复修改，不断完善。有时候我会为一张图而思考一个晚上甚至更长时间，以至于这本书断断续续写了近两年。但是，只要读者有所期待，只要对班主任的工作有所帮助，这些努力都是值得的。

图 2　思维导图在班主任工作中的应用

愿这本不算成熟的作品能够为班主任工作的研究作出微薄的贡献。

2018 年 10 月 28 日

前言
如何用电脑制作一张思维导图

使用电脑软件制作思维导图，非常简单，不需要专门学习，一上手基本上就能做起来。在电脑上做出来的思维导图，画面精美，可以插入各种链接，使一张图的容量大幅提升，而且编辑、修改、导出都很方便。

思维导图制作软件非常多，有收费版的，也有免费版的。现以分析"学生故意扰乱课堂纪律"问题为例，简单介绍思维导图的制作方法（以下图片是使用"XMind"软件制作的，其他类似软件都大同小异）。

1. 在网络上搜索关键词"XMind"，找到软件，下载后安装好，即可开始使用。

2. 双击打开 XMind。在左上角任务栏上单击点开"文件"（见图 1），选第一条"新建"。

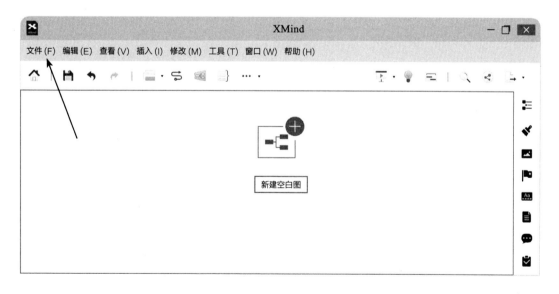

图 1　新建思维导图文件

单击"新建"，会出现很多样式（见图 2）。较常用的有思维导图、组织结构图、逻辑图、鱼骨图等。根据研究主题的特点，选择一个合适样式。一般来说，发散性问题，如原因分析、方法罗列，用思维导图、平衡图比较合适；按一定的线索（如时间、案例）往纵深研究或者研究对象是动态的，如流程设计、解决步骤等，用逻辑图、鱼骨图比较合适；静态的、各部分又有一定关联的，用组织结构图比较方便。

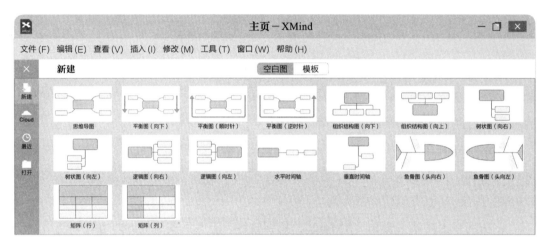

图 2   思维导图的各种样式

除了这些样式，该软件还提供了一些模板。如果你觉得合适，就可以从这些模板中选一个重新编辑（见图 3）。

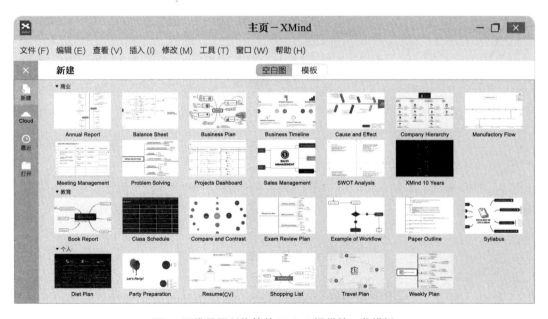

图 3   思维导图制作软件 XMind 提供的一些模板

3. 单击选择的样式。考虑到该问题的特点，单击选择"逻辑图（向右）"出现如图 4 的提示。

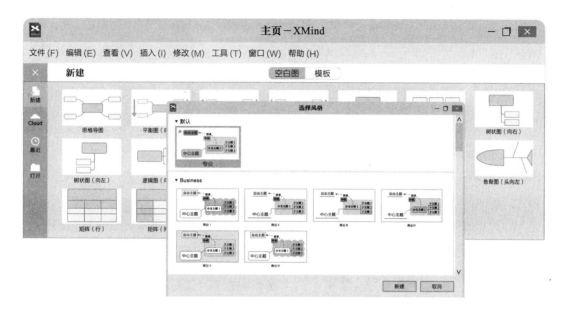

图 4　选择样式，新建文件

在图 4 所示界面中选择"新建"。一个思维导图文件就新建完毕。

4. 制作思维导图（见图 5）。

图 5　思维导图制作的开始界面

（1）双击图5中的"中心主题"，输入本导图的主题 —— "学生故意扰乱课堂纪律"。输入文字后，双击文本框，文本框的右侧有两个三角符号（如图6箭头所示）。用左键按住三角符号来回拖动，可以改变文字排列的行数。这个操作在制作时用得很多，因为经常需要考虑图形的整齐、美观。

图6 编辑思维导图的中心主题

（2）右击中心主题，在下拉菜单里把光标移到"插入"（"插入"是非常有用的一个命令，后面会反复提到）上，在"插入"菜单中选择"分支主题"（或"子主题"）。分支主题就是你对主题的分析（见图7）。

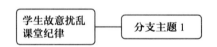

图7 在"中心主题"上插入"分支主题"

按"问题呈现—问题分析—问题解决"的思路，这张图将由三部分组成。第一步是问题呈现 —— "学生故意扰乱课堂纪律"。制作者要展开头脑风暴，分析出学生扰乱课堂纪律的行为，有几种行为就列出几个分支主题。一级分支主题的原因都是从总体上分析的，比较宏观、笼统。往下还可以有二级、三级分支主题等，思路是"由粗变细"，越分析越细致、具体。考虑到阅读和理解的方便，分支主题不宜分级过多（三级为宜）。

（3）思维导图做到这一步，就与技术无关了，因为接下来就是把自己的思路呈现出来。每个人的想法和做法都不一样，画出来的图就不可能一样。唯一通用的，就是大致的分析步骤。

用电脑制作思维导图有个好处 —— 编辑、修改特别方便。所以，可以先制作一部分，有了新想法后随时补充、修改。

下面用我做的一部分草稿做一些解读（见图8）。

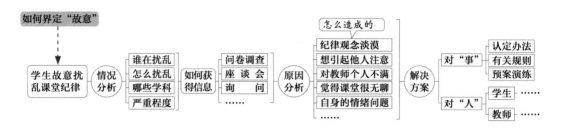

图8　思维导图样稿

说明一下，本文不是解读这个话题，而是介绍思维导图的制作方法。所以，不对内容做讨论，仅仅讨论制作。

从图8可以看出，这张思维导图的结构——一共三个部分（圆圈里的内容），呈现一种逻辑关系。每个部分都可以具体展开。

（4）制作思维导图的几个常用工具。

制作图8时使用了"自由主题""联系""概要"等常用工具，如图9的提示。

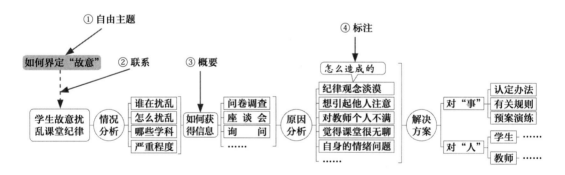

图9　制作思维导图常用的工具（实线箭头标注的位置）

这些工具都可以在编辑界面的"插入"中调出。"插入"是做思维导图用得最多的命令（见图10）。理论上你可以在思维导图中插入任何内容。除了上述几个工具外，还可以在思维导图中插入图片、视频、网址链接等。在界面任意位置右击也可以插入常用命令。

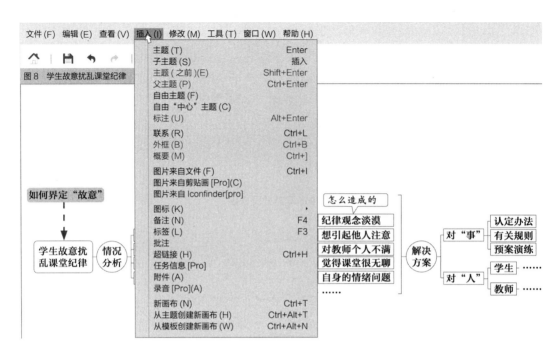

图10 思维导图制作软件 XMind 的"插入"命令

5. 用"格式"命令美化思维导图。

可以对这张图进行编辑、修改或美化。这主要是运用思维导图制作软件 XMind 编辑界面右侧任务栏中第二个"格式"菜单来完成（见图 11）。

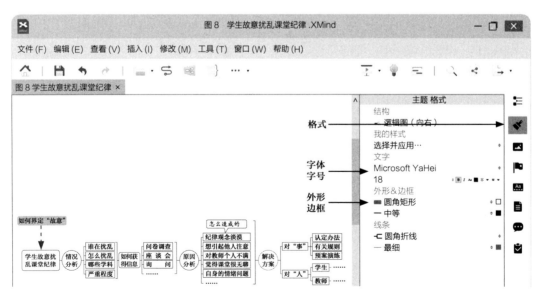

图11 思维导图制作软件 XMind 的"格式"命令

点开"格式"，会出现各种工具，包括外形和边框、线条、字体、字号，还有整个思维导图的风格（在"我的样式"里），等等。这些工具可以为你的思维导图锦上添花，使其变得更加漂亮、清晰。

6. 将思维导图以图片的方式导出。

思维导图做好后，可以以图片的方式导出，方便以后随时使用。"导出"图标在编辑界面的右上角，参见图 12 箭头指向的位置。

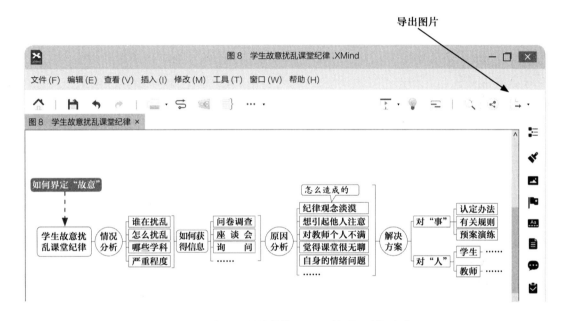

图 12 思维导图制作软件 XMind 的"导出"命令

单击"导出"，选择菜单中的"导出图片"，即可将思维导图以图片的方式导出、保存。

如果做好的思维导图需要修改，修改完成后再导出图片，图片也会同步更新。

用电脑制作思维导图的操作是菜单式的，只需右击、单击、拖动等几个简单的操作即可完成。

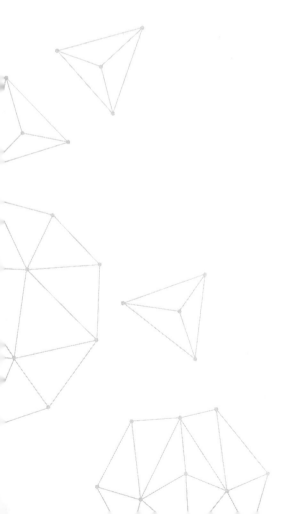

上 篇

管理班级的方法

01 科学管理班级概述

一、科学管理基本常识

科学管理最基本的常识如下（见图1-1）。

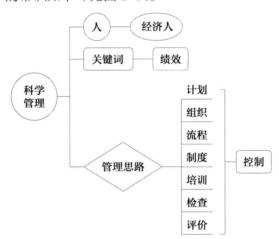

图1-1 科学管理基本常识

　　班级管理是学校工作体系中的重要内容，也是相当耗费班主任心力的一项任务。班主任之所以觉得管理好一个班级非常困难，主要还是因为没有掌握方法。多年来，我们对班主任工作的关注较多地停留在感性层面，缺少系统性思考和相关方法论的研究。班主任不仅需要做好个体教育，还有一个更为重要的任务——带领一群人进步、发展。这些工作当然不是只凭"勤奋""爱心"就能做好的，必须有专业的思维和方法。所以，每个班主任都需要有一定的管理科学常识，对"管理"的认知不能仅停留在"管束""控制"，或"人人有事做，事事有人做"的层面上。

　　管理科学从诞生到现在，不过一百多年的历史。在这一过程中，前后出现了"科学管理""人本管理""文化管理"等几种主流管理方式或管理思维。这些管理方式并不是相互矛盾或排斥的，也不是完美的，我们需要将它们融合起来，综合运用到班级管理中。

科学管理思维的一个原点是把人看作趋利的动物（经济人）。它主张采用诸如计划、组织、分工、监督、检查等一系列动作控制、管理活动，并以经济（物质）利益为主要激励手段，帮助组织达到管理目标。所谓科学管理班级，就是将这些体系化了的方法和工具运用到班级管理中，取得管理绩效的过程。

二、全面质量管理 PDCA 循环

管理是一个不间断的过程，只要组织存在一天，管理活动就要持续一天。所以，图 1–2 所示的管理动作是循环的，即所谓"全面质量管理 PDCA 循环"。PDCA 循环是指能使一项活动有效进行的一种合乎逻辑的工作程序，由"计划（Plan）""实施（Do）""检查（Check）""处理（Act）"四个阶段组成，不断循环，逐步提升管理质量。考虑到学校和班级这种组织的特殊性，我对 PDCA 循环做了一定的调整和拓展，形成了比较符合学生特点的班级岗位管理体系（详见本书第 3 章《班级岗位管理》）。

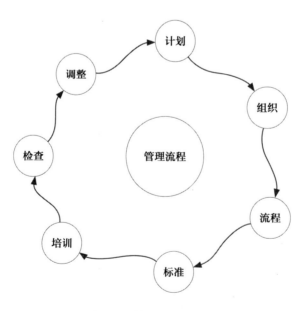

图 1-2　管理工作的循环

客观地说，科学管理方法非常实用、有效。但是，迷信科学管理，迷恋科学管理带来的绩效，又是不妥的。科学管理的理论基础是把人看作"经济人"，主要手段是"控制"——通过一系列制度、流程和经济杠杆达到控制的目的。它对绩效的重视远远超过对人本身的重视。所以班主任在运用时要保持足够的谨慎。我会在本书下篇《班级的人本管理与班级文化建设》中对这一问题予以阐述。

三、班级常规管理工作的内容

班级常规管理工作主要有以下四大块（见图1-3）。

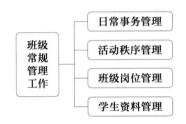

图1-3　班级常规管理工作的四大块

这四大块工作可以具体分解，如图1-4所示。

班主任要管理好班级，首先要明确管什么（内容），其次是谁来管（学生，教师，还是师生合作？），最后是怎么管（方法）。

这些内容将在本篇各章节中予以详细讨论。

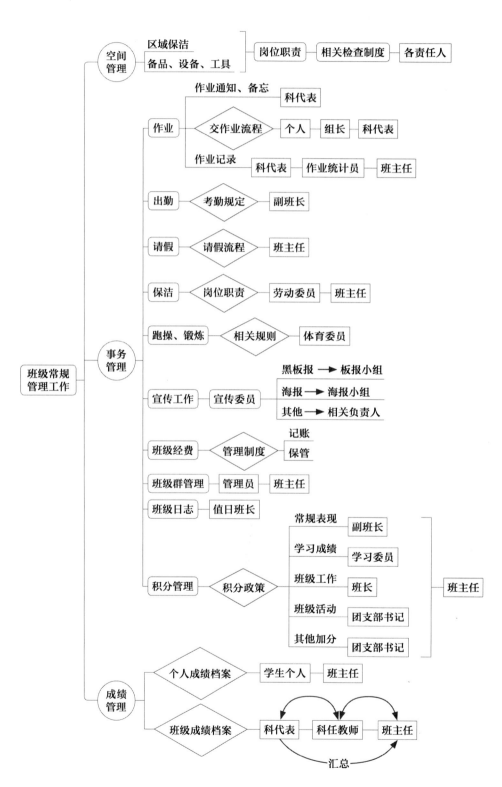

图1-4　班级常规管理工作的主要内容

02 把学生组织起来

班级是一个组织。班主任来到一个班级，首先要做的就是把学生组织起来，确定每个人在班级中的位置。班级管理机构一般有四种（见图 2-1），它们分别应对不同的班级事务。一个学生往往会在班级的几个不同机构中担任职务，也就是说，他要在不同的岗位上发挥作用。

图 2-1 班级管理机构

一、班级常规事务管理机构

1. 层级管理机构

班级通常有层级管理机构（见图 2-2）。

层级管理机构是绝大多数班级正在使用的。

该机构看似简单，实则很实用。它解决了班级管理的两大基本问题 —— 分工、合作。

分工，就是让每个人知道自己要干什么。班级管理任务繁杂，仅靠班主任一个人是难以完成的。通过分工，班级里"人人有事做"，大家就把整个班级管理的事务分摊了。

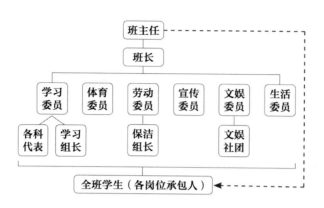

图 2-2 班级的层级管理机构

合作，就是明确人与人之间的工作关系。学生不仅要知道自己做什么，还要知道在班级里和谁一起做、自己听谁的、谁听自己的、出了问题可以找谁，等等。

虽然每个班级的组织结构都差不多，但是管理质量却差别很大。所以，问题不是出在组织结构上，而是这个结构中的每一个人是否发挥了应有的作用。要想让每个人都充分发挥作用，就需要有更多教育和激励措施。

这个结构尽管有很多优点，但是也存在一个很大的问题：垂直指挥、等级分明，处于最底层的大多数学生被班主任和少数班干部指挥着，没有什么权力。因为责任和权力是对等关系，所以大多数普通学生的责任心就会显得不足。也就是说，这个结构不利于激发普通学生的主动性、积极性。本书下篇将研究这个问题的改进方法。

2. 扁平的组织 —— 小组

小组是班级管理的另一种方式。这种组织的特点是"以人为核心"，它其实就是班级团队之下的各个小团队。如果把班级比喻为一个小社会，那么小组就是一个个社区。就现有的资料看，有的班主任是以小组为核心建设班集体的，但真实的效果如何，尚无强有力的证明。不过可以肯定的是，小组在管理和教学上有其方便、灵活的一面，但并不能解决班级的所有问题。比较妥当的做法是把小组作为一种辅助管理手段运用，而不是什么事都依赖小组。

（1）小组管理的思路

小组管理的思路如下（见图 2-3）。

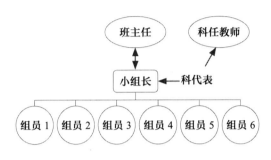

图 2-3　小组管理的思路

小组的组织结构思路很简单：在班级事务方面，班主任→小组长→组员，这样每个人都有精力做好该做的事、管好该管的人；在教学工作方面，科任教师→科代表→小组长→组员，这样教师可以方便地布置、检查任务。

一个班级小组的数量，要综合考虑年级段、学生人数、学生综合素质等因素。一般来说，以 6 个人为一组比较合适。人数过少，不利于分工、合作；人数过多，不利于组长管理（见图 2-4）。

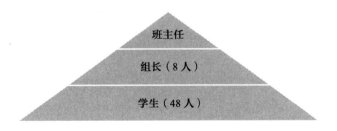

图 2-4　小组管理的跨度

（2）小组成员的分工

小组管理模式在教育、培养学生上意义很大，其根本原因在于它可以充分挖掘并发挥每一个组员的特长和价值 —— 组内没有闲人，也没有绝对的领导。每个人既是组员，也是组长。面对不同的工作，小组能以最佳组合完成任务。小组成员是平等、合作、互助关系，而不是领导与被领导的关系。小组中的每个人与其他组员的关系是密切的，联系是网络化的（见图 2-5）。总体上看，小组管理是一种扁平式管理思路。

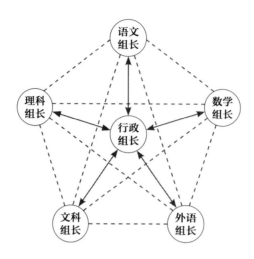

图2-5　小组成员的分工

注：考虑到语文、数学、外语三个学科的重要性，所以将其单列出来。

　　组员的分工可以通过小组讨论协商决定。学科组长不一定是这门学科成绩最好的学生，甚至可以找一个成绩差的学生担任，以转变他对这门课的学习态度。行政组长负责合作学习以外的召集、组织、传达、协调等工作，是小组的核心。行政组长应该由责任心强、人际关系良好并有一定威信的学生担任。

　　"组内异质，组间同质"的分组思路有利于小组间的公平竞争和学生的个性发展。这是班主任进行小组建设时的一个基础设计。有了这个基础，小组的发展、管理与评价才能顺利进行。要做到这一点，班主任就必须研究学生，全面了解学生，而不是仅仅看成绩。建组前要适当调整座位，以方便小组成员的交流和管理。

（3）理论上小组的作用

　　理论上，小组的功能十分强大（见图2-6）。如果运作良好，小组在学习、管理、活动等方面都可以发挥不错的作用。就一般情况而言，讨论班级事务、承包班级工作、参与班集体活动、完成科任教师布置的一些学习任务等工作，以小组为单位开展会更加便捷。但是要注意，小组的这些作用是理论上的、理想化的，实际上能发挥多少，甚至能否形成特色小组文化，则不仅取决于班主任投入的精力，还与学生的素质、能力关系很大。

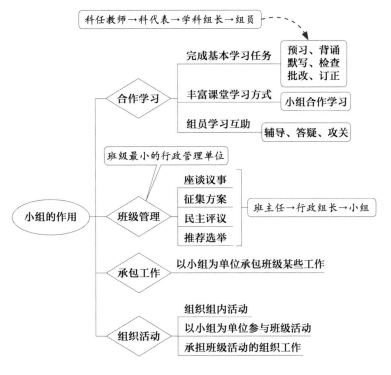

科任教师→科代表→学科组长→组员

合作学习
- 完成基本学习任务 — 预习、背诵默写、检查批改、订正
- 丰富课堂学习方式 — 小组合作学习
- 组员学习互助 — 辅导、答疑、攻关

小组的作用

班级管理（班级最小的行政管理单位）
- 座谈议事
- 征集方案
- 民主评议
- 推荐选举
— 班主任→行政组长→小组

承包工作 — 以小组为单位承包班级某些工作

组织活动
- 组织组内活动
- 以小组为单位参与班级活动
- 承担班级活动的组织工作

图2-6　小组的作用

（4）小组的管理与发展

小组的管理是一个系统的工作。如果失去系统性，小组的建设就必然是凌乱的，而且容易开始热热闹闹，最后不了了之。所以，班主任做小组建设，不能凭着一腔热情，充满幻想，而是要扎扎实实，一步一个脚印。小组的发展和班级的发展是同步的，历经组建期、发展期和成熟期三个阶段，才能最终形成小组文化（小组文化是班级文化的组成部分），给每个成员带来友谊、收获和美好的记忆。其间，对小组的管理、评价和激励应该是持续的，要有大量活动助推。而很多班级的"小组建设"仅停留在第一阶段，未能实现持续发展。这与班主任工作的系统性关系很大。

我的建议是，小组建设要从长计议，有始有终。如果没有经验或精力，一开始不要轰轰烈烈上马。如果一开始轰轰烈烈，后面没有持续行动，那么给学生的感觉反而不好，实质性的收获就会更少。倒不如先让小组从一些简单的工作做起，看情况再继续推进。

小组的建立、发展、管理和评价情况如图2-7所示。

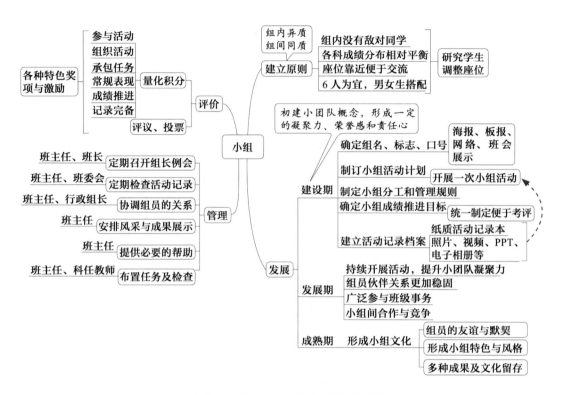

图 2-7　小组的建立、发展、管理与评价

二、班级其他管理机构

图 2-1 所示的管理机构不一定要在短时间内全部建立起来，可以先成立一些基本的，如常规事务管理机构，让班级首先顺利运转起来。随着班级的发展，根据需要，逐步增加（见图 2-8）。

很多班级没有制度制定机构和执行机构，它们的功能并入了常规事务管理机构或由班主任直接替代；而主张发扬民主、提倡学生自治的班级，规章制度的制定与执行需要学生的参与，所以有专门的议事、立法与执法机构（后续章节会专门论述）；还有的班级并没有"小组"这个组织。这些其实不一定会影响班级管理的效果，班级的管理机构没有统一的规定。图 2-1 所示的管理机构是比较全面、完整的，仅供读者参考，并不是要求每个班级都这样操作。

团支部（小学是少先队）组织隶属于校团委（或大队），它的运作和管理一般有校团委或少先队组织的一套程序，故不再单独解读。班委会和团支部没有必要搞成独立的"两套班子"，有些职务是可以兼任的。

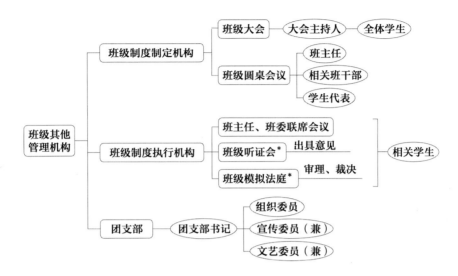

图 2-8　班级其他管理机构

＊：班级听证会、班级模拟法庭是有些班级为了管理创新而设置的，不是必需的。

　　什么样的学生在班级里可以担任什么样的职务？班级里的这些职务是如何分配下去的？请参看本书第 3 章《班级岗位管理》。

03 班级岗位管理

班级岗位管理流程（见图 3-1）由六个环节组成。这个流程的优点是思路清晰，目标明确，有利于管理者抓住管理主线，不至于没有章法。严格按照这个流程进行管理（具体做法可以自己发挥），管理质量就会得到基本保证。

图 3-1　班级岗位管理流程

我们可以用几句话来概括岗位管理的要点：根据需要设置岗位，每个岗位具体到人；所有岗位明确职责，按照职责培训学生；各项工作加强检查，利用评价提升质量。

一、设置岗位

班级需要设置不同的岗位，一般情形如图 3-2 所示。

岗位来自需要。如有管理的需要，就可以设置岗位。所以，岗位是个广义的概念，它不仅包括科代表、值日生等常设岗位，还包括所有班级活动、任务中的岗位。从设置岗位的思路也能看出班主任的教育观念。班主任工作，乃至学校所有工作的主题就是教育。将班级工作变成一个个岗位分配给学生，并非单纯为了给班主任减负，而是要给学生更多锻炼机会，在岗位上发现人才、培养人才。因此，我们尤其要关注"因人设岗"和"从培养学生的角度设岗"。这是我们对班级管理岗位设置思路的重要认知。

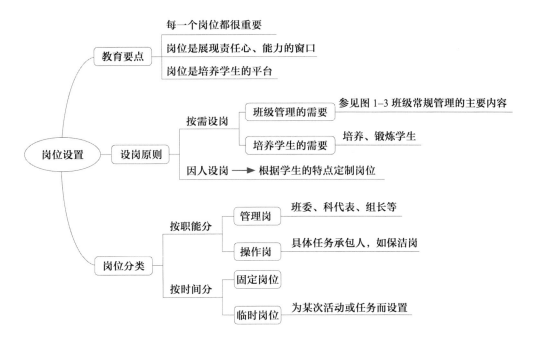

图 3-2　班级工作岗位设置

二、确定岗位责任人（岗位分配）

确定岗位责任人的流程如图 3-3 所示。

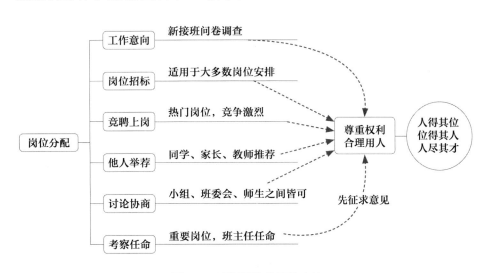

图 3-3　班级岗位分配的方法

每一个岗位都要有承包人。确定承包人最重要的原则就是"尊重学生的选择权"。当然，班主任可以引导、说服，但最好不要硬性分配。

班级岗位的分配通常有六种方法。每种方法各有特点，也各有局限性。比如，岗位招标制是最能发挥学生主观能动性的方法，但并不是所有岗位都适合招标。有的重要岗位人选，班主任必须把关。所以，不可能用某一种方法完成所有岗位的分配。班主任需要根据具体的岗位和具体的人，采用不同的方法。

1. 毛遂自荐

可以向学生下发工作意向调查表，根据学生的兴趣、特长或志愿安排工作。这种方法可以解决一部分岗位分配的问题，多人申请一个岗位时就需要调整，而且毛遂自荐的学生未必是最适合那个岗位的人。所以，学生的意向只能作为参考，最终确定人选还要结合其他方法。暂定、试用等做法可以让班主任有一定的回旋余地。

2. 双向选择

岗位招标制是班级岗位分配常用的方法，班级大部分岗位都可以通过招标确定。其最大优势是双向选择，师生双方都会比较满意。招标时班主任还可以结合一些激励措施，如加分，以提高学生参与的积极性。关于岗位招标工作，有几点提示。

① 有些重要的岗位不适合招标，班主任要慎重考虑。

② 制定若干招标规则，如准入条件、先到先得、不得反悔或转让等。

③ 招标完成后可以和学生签约，以保证中标的学生认真履职。

3. 竞聘上岗

对部分热门岗位的分配，竞聘是一个解决办法。竞聘一般采用书面投标、演讲、投票或评议等程序确定上岗人员。学生通过竞聘的方式获得某项工作，责任心会更强一些，因为他的主观愿望较强而且有一定能力，同学和老师的信任也会让他更加珍惜机会。组织学生竞聘上岗活动是活跃班级气氛、增强学生主人翁意识的好方法。

4. 举贤任能

学生的个性不同，有人外向活泼，敢于表达，喜欢表现；有人虽然有能力，也有工作意愿，却羞于或不善表达。班主任要明察秋毫，也要经常主动征集学生的意见。

家长、学生、科任教师都可以做推荐人，还可以用小组座谈会或书面等方式推荐。班干部等重要岗位，不是所有人都适合。班级应该有一些选拔机制，设立若干条件，好中选优，尽可能让人才浮出水面。中国自古就有举贤任能的说法，这值得班主任借鉴。

5. 讨论协商

这种方法一般用于小组或小团队内部的岗位分配。

6. 慧眼识珠

以上方法都是学生自己选择岗位。然而，班主任还应该保留一定的直接任用权。一些重要岗位，如果用对了人，班级这盘棋就会活，反之，对班级发展就会产生不利影响。关于重要岗位的人选，别人的意见可以参考，但最终用不用，班主任要有自己的想法和判断。这种方法的优点是快捷、高效，简化了烦琐的任用程序，可以迅速将决策转化为生产力。直接任命是班主任领导力的体现，可以提升班主任的威信，学生也比较适应这种方式。缺点是有判断失误的可能，这对班主任的能力是一种考验。当然，班主任在长期实践中也会积累经验，形成比较可靠的选择依据。

需要指出的是，班主任直接指定哪个学生做哪件事，不能出于私心或仅凭感觉，必须以一定的考察为基础，至少也要和学生本人谈谈自己的想法，交换一下意见，做通其思想工作，免除其后顾之忧，让其愉快上岗。

虽然没有一无是处的学生，每一个人都可能成为人才，但是我们不得不承认，人和人之间是有差异的，而班级的岗位分配是有梯度的。简单搞平均主义并不能充分发挥每个人的作用，只有把合适的人安排在合适的岗位上，才能达到每一个学生都有合适的工作岗位（人得其位）、每一个岗位上都有合适的学生发挥才能（位得其人）的效果。一个班级只有人得其位、位得其人，才能充分调动每一个人的积极性，做到人尽其才。合理分配岗位其实就是合理用人，这是实现高效管理的起点。

运用以上方法，我们可以完成对全班所有学生的工作安排（人人有事做），使班级的所有工作都有承包人（事事有人做）。这样，在第 2 章《把学生组织起来》中架构的"班级的管理机构"就会真正变为现实，班级中每个学生都会明确以下几个问题：我做什么？谁和我一起做？我听谁的？谁听我的？出了问题可以找谁？

班级在运转过程中会不断增加工作内容（岗位），新增的工作也应用适当的方法安排下去，落实到人。

班主任可以按照学号顺序，将全班所有学生承包的工作列在一张表（见表 3-1）上。这样班级的工作安排就会一目了然，任何人都可以通过这张表方便地查询每个人的工作，出现问题时也可以方便地找到责任人。

表 3-1　学生任务一览表（局部）

学号	姓名	班级职务	保洁任务	其他工作 1	其他工作 2	……
01	……	第一组行政组长	星期四保洁	制作电子相册	电影俱乐部	……
02	……	第一组语文组长	星期一擦黑板	板报小组	班报编辑	……
03	……	政治科代表	星期五擦黑板	养护班级植物	制作海报	……
08	……	英语科代表	讲台保洁	微波炉保养	英语兴趣小组	……
12	……	班长	星期二包干区	班主任助理		……
15	……	宣传委员	右前、中窗保洁	回收饮料瓶	板报主编	……
23	……	生活委员	讲台保洁	班级购物员		……
36	……	第二组物理组长	星期三擦黑板	健身小组	管理复印机	……
45	……	团支部书记	管理多媒体设备	图书管理员		

在表 3-1 中，我们会发现，学生在班级里承担的工作量并不是完全一样的，而是有人比较多，有人比较少。因为在任务分配上充分尊重了学生的选择权，由班主任直接安排的任务并不多，所以出现这种情况很正常。一个班级并不需要什么都搞平均主义（那样反而不公平），而且在做评价时可以对贡献较大、付出较多的学生做一定的倾斜，体现付出有回报、多劳多得的原则。

表 3-1 是按照学号顺序列出各人的任务的，所以看不出隶属关系。如果用组织结构图的方式列出，隶属关系就很清楚了（见图 3-4）。

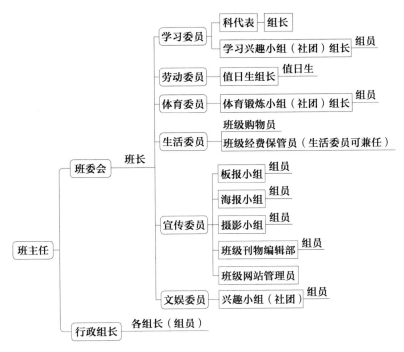

图 3-4　学生在班级里的工作定位

三、制定岗位职责

一个班级仅仅做到"人人有事做，事事有人做"是不够的，岗位管理的目标是"事事能做好"。所以，接下来还有很多工作要做。确定岗位职责是岗位管理过程中非常重要的一环。它承前启后，既明确了岗位要求完成的工作内容和应当承担的责任以及相应的权力，也为后续的培训、检查、评价提供了依据。

岗位职责不仅规定了学生怎么做或不能怎么做，对提升学生的工作责任心也很有意义。岗位职责既要体现该岗位的重要性（每个岗位在班级管理中都有独特的价值，没有不重要的岗位，否则就不用设置了），也要有具体的表述（关于怎么做）（见图 3-5）。

请看以下示例。

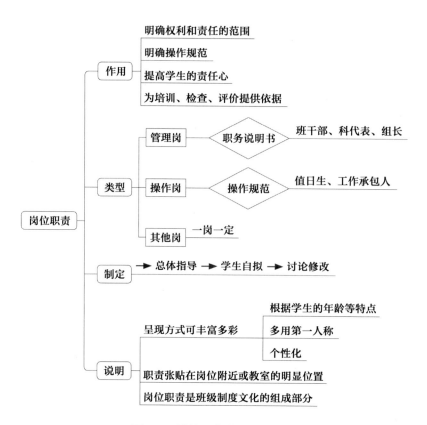

图 3-5　岗位职责的制定与作用

示例一　讲台保洁职责（操作岗）

讲台是教师进行授课活动的主要区域，也是体现班级管理质量重要的示范窗口，讲台的保洁和整理工作非常重要。请负责的同学注意做到：

（1）每节课后都整理讲台，整理工作必须在下节课上课前完成。

（2）每次整理时，台面用半湿的抹布擦拭干净，不留粉笔灰。

（3）台面物品摆放整齐。右侧依次是纸巾盒、黑板擦盒、粉笔头回收盒、粉笔盒。白色、彩色粉笔分开放，方便教师取用。左侧是中英文字典和教学百宝箱。

（4）及时清理讲台上的作业本、试卷、讲义、教具或其他物品，不得长期堆放，以免影响教师上课。

（5）保洁时发现物品损坏、缺失等问题，请立即处理。如果不能自己解决，请及时联系劳动委员、生活委员或班主任。

示例二　科代表工作职责（管理岗）

（1）熟悉科任教师的办公地点、课程表和其他工作安排，知道在什么时间和地点能够找到科任教师。

（2）与科任教师交换联系方式，让科任教师也能方便地找到你。无论是在校内还是在放学后，有问题及时与科任教师沟通。

（3）课前、课后与科任教师各联系一次，记录、传达科任教师的要求和通知，协助科任教师做好上课前准备工作。

（4）把课外作业抄写在黑板指定区域，在班级QQ群里再发送一次。

（5）早晨整理作业本，早读前把作业本放在科任教师的办公桌上，并附上没有交作业的学生名单。

（6）及时收发作业本、讲义、试卷。

（7）本学科上课预备铃响后，在教室里巡视，提醒同学做好课前准备，组织预习工作，如看书、朗读、背诵、默写等。具体内容与科任教师商量后确定。

（8）准备U盘，录入本学科各次考试成绩，并汇总至学习委员处。

（9）把学生对教学的要求和反映的问题及时告知科任教师和班主任。

（10）管理本学科学习小组。

示例三　班长职务说明书（管理岗）

（1）注意自己的形象，以身作则，给全班同学做榜样。

（2）班主任不在时代理班主任管理班级常规事务，如集合、放学等。

（3）协调各班委之间的工作。

（4）组织召开班委例会（每个月第一周的星期一下午放学后）。

（5）主持班级小组评议、讨论、推选等活动。

（6）参加学校的班长例会，做好会议记录，及时向班主任汇报或传达到班级。

（7）负责班级各种申报材料的整理。

（8）完成学校或教师临时安排的任务。

一般而言，岗位职责要求表述严谨，简明、清晰，不能使用修饰词，不能夸张（如以上示例）。但是，中小学班级由未成年的学生构成，有其特殊性，特别是低年级班级，学生年龄小，岗位职责的表述不宜过于理性、呆板，生动、活泼的语言可以增加工作的乐趣。

从调动学生的积极性、培养学生的主人翁意识等角度分析，我不主张班主任把现成的岗位职责告知学生，让其遵照执行。岗位职责会给学生带来一定的工作压力。其实，在一定的压力下工作不是件坏事，这样做事就不能随意，工作质量就有保证。关键是这份压力是班主任强加给学生的，还是来自学生自己想把事情做好的要求。一个是"我要求你怎么做"，一个是"我的地盘我做主"。从班级教育的目的来看，哪一种更好毋庸置疑。所以，应该让学生参与岗位职责的制定。

学生亲自参与岗位职责的制定是自我教育、自我提高的过程。所以，建议班主任先进行关于班级岗位重要性的教育，然后由学生自拟，班主任指导修改（还可以增加小组或班级讨论），最终确定各岗位职责。这样，岗位职责的制定就融入了班级文化建设的进程中。

在低年段，提倡学生用符合自己年龄特点的语言表述岗位职责，鼓励学生用第一人称描述岗位职责，用有趣的形式，如形状各异的彩色打印纸、书法、图表甚至漫画等表述岗位职责。这些岗位职责张贴或悬挂在教室各处，可以体现精彩的班级制度文化。

四、落实岗位培训

在《班主任工作十讲》中，就岗位培训的重要性，我有过以下论述："学生的主动性和能力在班级管理中起决定性作用。学生方面不给力，班主任设计得再精妙也没用。学生的能力不是天生的，他们需要老师的引导、培训。所以，班主任要花大力气培训各种学生。这样做虽然开始时比较累，但意义非凡。这样做不仅让学生掌握了一定技能，为班级发展分担责任，也培养了学生'爱岗敬业'的优良素质，同时让学生能在各自的工作中找到幸福感和成就感。"

岗位培训主要有以下内容（见图3-6）。

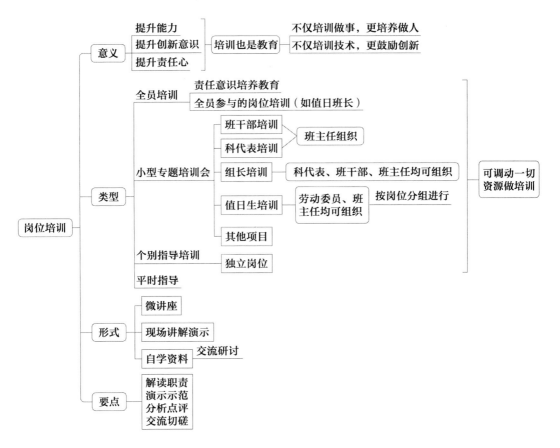

图 3-6 岗位培训的意义、类型、形式和要点

岗位分配完成后，要立即展开岗位培训。学生清楚地知道要做哪些事、怎么做，就能把事情做起来，班级管理系统就能正常运作起来。所以，岗位培训是班级管理工作体系中从设计到实操的重要过渡环节。

每一个岗位 —— 班干部、小组长、科代表、值日生、工作承包人等都需要培训，班主任应该有这样的培训意识：只要有岗位，就必须有培训。培训有的（如保洁工作）比较简单，有的（如班干部工作）则项目较多，需要用较多时间分次进行。

岗位培训的主要内容是解读岗位职责、提出明确要求以及进行必要的示范、演练。培训总的指导原则是按岗位分工进行分类指导。培训一般有两种方式：一种是集中进行的小型专项培训会，如科代表培训；一种是在学生做事过程中或结束后，班主任或班干部对其进行即时指导、点评。

小型专项培训会要务实，必要的教育应该有，但不必讲过多大道理，用时通常比较短（一般 15 分钟之内即可完成），组织起来比较方便，而且可以充分利用边角时间。培训时要向学生分发岗位职责文本或者让学生做好笔记，逐条解读，询问学生是否明白怎么做，必要时做示范。根据培训内容，有时候要组织学生演练并点评。应鼓励学生多交流、切磋，分享经验、心得，共同进步。

　　班主任平时要多注意观察学生，在放手让学生做事的同时加强指导。即使学生做得很糟糕，也不要横加指责。如果是学生想把事情做好却缺少方法，那么首先要肯定他的态度，然后指出问题，指点合适的方法。如果是学生做事态度有问题，则需要分析原因，加强教育和激励，首先帮助学生改变态度，再进行技术指导。

　　培训工作可以融入很多教育理念，培训本身可以说就是教育。班主任重视培训工作，其实就是向学生表明，班级的每一个岗位都是很重要的、不可或缺的，班级的发展取决于每一个人的用心。所以，岗位培训不仅仅是教会学生做事，更是培养学生的责任感（爱岗敬业）。也就是说，培养做人比培训做事更重要。有些工作虽然需要一些技术指导，但培训技术是次要的，通过培训培养学生的创新意识才是主要的。

　　学生如果有认真负责的态度和创新意识，做什么事就都能做出成绩，正所谓"三百六十行，行行出状元"。这种态度和意识是学生成长过程中的宝贵财富。岗位培训的目的正在于培养学生的这种态度和意识。

　　培训的主持人可以是班主任，也可以是班干部或普通学生，还可以是家长、学长或者校外人员。

　　除了必要的技能培训外，我所带班级的岗位培训在教育方面有以下要点。

　　① 岗位是展示自己能力、责任心的窗口。

　　② 每个岗位对班级都非常重要，不可或缺。

　　③ 在自己的岗位上努力工作，一定会得到认可并有回报。

　　④ 班级工作可以锻炼能力和培养创新意识。

　　⑤ 掌握任何一项技能对个人未来的发展都可能有很大帮助。

　　⑥ 班级工作是"人人为我，我为人人"。我们的工作是公益性的。做公益可以提升一个人的道德水准，帮助他人将收获友谊并获得心灵的愉悦。

　　在所有班本培训中，班干部培训（见图 3-7）尤为重要。由于班干部是班级管理的中坚力量，他们是否得力，直接关系班级管理的质量。班干部培训，对培养班干部的领袖意识和提高班干部的团队领导力很有帮助。所以，班干部培训是双赢的工作：既可以提高班级管理的质量，又能培养学生。所以，班干部培训要正规，并形成系列。初级培训的目标是"成为称职的班干部"，中级培训的目标是"如何把工作做得更出色"，高级培训的目标是"培养未来的领袖"。班干部培训主要利用班委例会，并结合平时的个别指导、交流。培训师既可以是班主任本人，也可以是任何有相关专长的人。越是高端的培训，对专业知识与技能的要求就越高。有条件的话可以聘请专业人士进行指导。

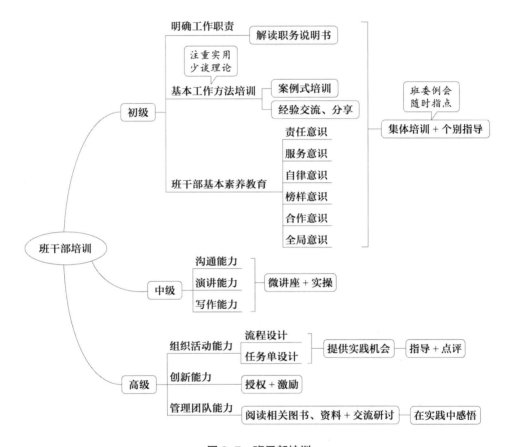

图 3-7　班干部培训

班干部的概念是广义的，包括科代表、组长、任何临时小团队的负责人。班干部班本培训的很多内容是可以面向全班的，这样可以充分利用资源。这并不是说每个人都要做班干部，只是说培训中的许多内容对所有人都有用。

五、岗位检查工作要领

岗位检查工作的主要内容如图 3-8 所示。

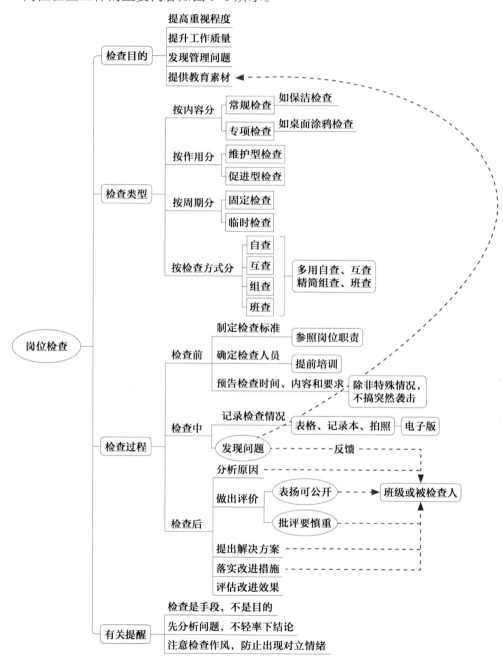

图 3-8　岗位检查工作的主要内容

在检查环节，班主任需要想清楚三个问题：为什么要检查？如何检查？检查后怎么做？

1. 为什么要检查

检查是工作落实的保证。设了岗就一定要检查，因为全凭学生的自觉性是难以保证工作质量的。所谓"无检查，不落实"，就是指以检查来保障工作落实到位。检查可以提升工作质量，因为这会提高学生的重视程度，检查中发现的问题还是良好的教育素材。所以，无论什么样的检查，都要定好规则，提前告知学生，让学生有所准备，不搞突然袭击。检查从来都是教育手段，而不是目的，不能以检查中发现的问题来"整治"学生。

2. 如何检查

这个环节主要是选择合适的检查方式、制定检查标准、确定检查人员以及记录检查的情况。要加强对检查人员的培训和教育，树立良好的检查作风。如果检查加剧了矛盾，引发了对立，就得不偿失了。为了节约资源和时间，更重要的是为了培养学生的自律精神，我们提倡多自查、互查。由班级层面组织的检查要有，但是不能泛滥。

检查要形成制度，不能流于形式。班级有哪些例行检查，要布置妥当。例行检查之外的专项检查都是为了提升管理质量而设置的，这种检查不是学期开始时就能全部设计好的，需要结合班级的具体情况来安排。有些项目的检查不是一次性的，可以根据需要安排复查。

3. 检查后怎么做

相比检查过程，检查后的工作更重要，包括三点：分析问题原因（不随意下结论，表扬或批评）、提出改进方案（要具体）、跟踪改进结果。只有这样，才能充分发挥检查在班级管理中的重要作用，也才能真正体现"检查是教育手段，而不是目的"的管理理念。

图 3-9 是我带班时一个学期的专项检查情况。

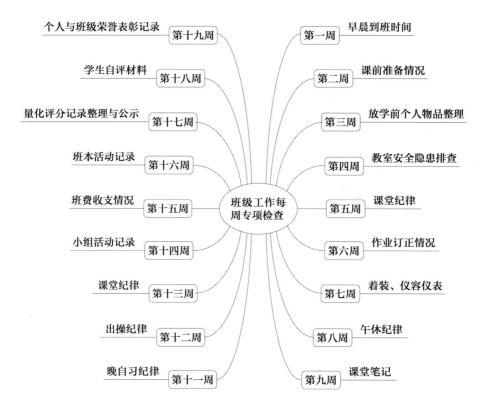

个人与班级荣誉表彰记录 — 第十九周
学生自评材料 — 第十八周
量化评分记录整理与公示 — 第十七周
班本活动记录 — 第十六周
班费收支情况 — 第十五周
小组活动记录 — 第十四周
课堂纪律 — 第十三周
出操纪律 — 第十二周
晚自习纪律 — 第十一周

班级工作每周专项检查

第一周 — 早晨到班时间
第二周 — 课前准备情况
第三周 — 放学前个人物品整理
第四周 — 教室安全隐患排查
第五周 — 课堂纪律
第六周 — 作业订正情况
第七周 — 着装、仪容仪表
第八周 — 午休纪律
第九周 — 课堂笔记

图 3-9　班级专项检查安排

六、岗位评价怎么做

岗位评价既是对前期各环节工作的总结，又对后期的工作有导向作用，其重要性无须赘言。学生做与不做、做得好与不好的差别在哪里，要靠评价来体现。评价制度是班级整体价值观的反映，也是班级文化的重要组成部分。每个人都是在不同的动机驱使下做事的，对人的动机不必多加揣测，但是可以用各种方法改变、调节，评价就是调节方法之一。如果一个学生认真负责、非常努力地完成了工作，得到了与他的付出相称的评价（回报），他就会认为自己的付出是值得的。这将会激励他以后更好地工作。反之他可能就会心理失衡，丧失工作动力。

图 3-10 是一个简单的岗位评价体系。

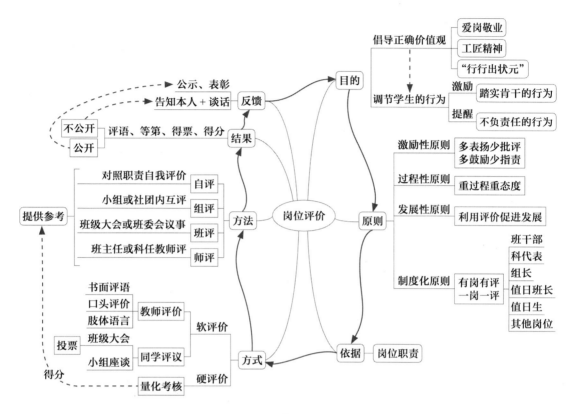

图 3-10　岗位评价体系

1. 岗位评价的目的和原则

通过岗位检查和观察，班主任或班级要对学生在各自岗位上工作的情况做出评价。表现出色的学生将得到好评，以此激励学生；对做事不认真或效果不佳的学生，要用评价来提醒。所以，岗位评价的主要目的有两个——激励或提醒。换句话说，评价不是用来打击学生的。

出于这样的目的，评价的原则应该是"多赞扬，少批评"。不是说评价不可以批评学生，而是应该严格控制负面评价的比例、尺度、场合以及措辞。学生在工作中出现问题大多不是恶意的，因此评价就不要上升到道德层面。即使有极少数恶意的，也还是主要以不直接定性的评价来调节。岗位评价不要直接评价人，而要通过评价工作态度和效果间接地调整学生的行为。比如，我所带班级的"保洁示范岗"，看上去是评岗位，实际上是以这种方式激励承包岗位的人。

2. 岗位评价的方式和意义

岗位评价有软硬之分。硬评价有等第、分数等量化指标，软评价有教师的口头评价、书面评语、短信（给学生或给家长）以及肢体语言等。评价可以与一定的奖惩相连，但教师要更多地使用软评价、非物质刺激的奖励，如鼓励性的谈话、通报嘉奖、设置与岗位相关的奖项、给学生或家长写感谢信，等等，体现"以人为本"的管理理念，做"目中有人"的管理。

有岗就有评。我所带的班级对所有管理岗位均按职务设置奖项，如优秀班干部（或班级管理质量奖）、优秀科代表、优秀值日班长等；对操作岗位则设置灵活多样的奖项，如保洁示范岗、岗位能手、劳动明星、优秀导师等。岗位评价在综合荣誉（如三好学生、优秀团员）评比中占总分值的 20%，和学习成绩、常规表现、活动参与等项的权重是一样的。在每学期两次（期中、期末）的班级表彰中，岗位评价均单列，而且奖项最丰富，获奖人次最多。岗位评价其实是为每一个学生提供被认可的机会。

岗位评价的导向作用是非常明显的，它倡导一种理念：每一个岗位都是很重要的，用心做好本职工作、踏实肯干的学生一定会获得回报。评价使"岗位"这个管理核心真正体现出来。

岗位评价丰富了班级评价体系，完善了整个班级管理流程，没有岗位评价的管理是有头无尾的不完整的管理。

3. 岗位评价的依据和组织

岗位评价的依据是岗位职责，即学生的履职情况。组织方式通常有自评（书面、口头）、小组评、班级评等。硬评价直接计算分值，软评价方法有座谈评议（给出小组或班级层面的评语）、投票评选等。

在所有岗位评价中，班干部评价最重要。下面是我所带班级的班干部评议操作方法，供大家参考（见图 3-11）。

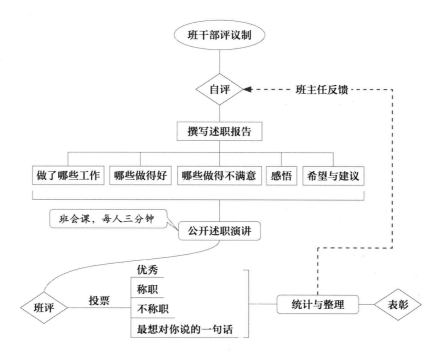

图 3-11　班干部评议流程

　　本章班级岗位管理基本流程的每一张思维导图都是从理念和操作角度出发的，力求做到全面、翔实、完善，以期给读者一个完整的管理思路。而在实际操作中，班主任不需要完全做到，还可以变通、突破或另行设计。但无论怎样改变，这个流程的几个基本环节应该是不变的。我们强调，即使重视管理效果，也必须以学生为本，尊重学生的权利，培养学生的素养。所以，在以上各个环节中，学生都发挥着重要甚至主要作用。希望班主任在管理班级时，能充分相信学生，依靠学生。这样，才能通过岗位来培养学生。

04 班级事务处理流程

一、班级事务处理流程的作用与制定

1. 管理为什么需要流程

班主任每天需要处理的事务分为两类：例行的和例外的（见图 4-1）。例行的就是经常要做的、需要反复做的、常规的工作，如作业管理、请假管理等；例外的就是特殊的、偶发的、非常规的事情，如某学生在课堂上怎么都控制不住自己，总是要插嘴。

图 4-1 班主任需要处理的事务分类

一件例外的事情往往要耗费班主任很多时间和精力，所以，只有尽量将例行的工作流程化，才有足够的精力好好处理例外的事。流程也可以帮助班主任公平地处理问题，避免工作的随意性。

流程可以解决"怎么做"的问题。有了流程，即使班主任不在现场，学生也知道如何处置、可以找谁求助、一步一步该怎么走。

流程在班级管理中发挥着重要作用。小到集合整队，大到学校组织的大型活动，流程无处不在。流程可以使班级管理变得更加顺畅、高效，也可以锻炼学生的自我管理能力。

2. 班级管理需要哪些流程

各种流程是在班级管理过程中慢慢建立健全的（见图4-2）。并不是所有班级都要有这些流程，有些流程不是非要不可的。在遭遇例行的问题时，流程是行动参考和操作指南，但不是说不能根据实际情况调整。

图 4-2　班级管理流程

流程积累多了，可以分类。流程也需要经常更新。

流程分为可以多次使用的和一次性的。即使是一次性的流程，也很有制定的必要，因为它可以保证活动顺利进行。而可以多次使用的流程就更有用了。

3. 流程是怎么制定和使用的

首先，班主任要判断是否有必要将一件事处理的过程变成一个流程（可用于一类事）。判断依据如下：这件事有无典型意义，它是一般性的还是标杆性的？是偶然的还是经常发生的？凡反复出现的、例行的，或虽然出现次数不多却非常重要（如学生意外伤害事件的处置）的，均应确定处置流程。班主任要做有心人，要善于梳理日常工作。当出现有典型意义的案例时，班主任就要有意识地记录处理的步骤和操作要点，并在处理之后反思好的地方和需要改善的地方。将以上内容整理成流程，以后遇到类似的问题，就可以按这个流程走一遍，并进一步熟悉、完善。几次下来，一个流程就基本成熟了（见图4-3）。

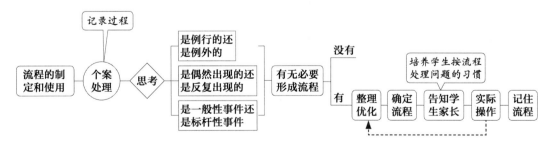

图 4-3　流程的制定和使用

在使用过程中，要不断优化流程。

制定流程，一方面是给自己的工作做参考；另一方面，要让所有学生，特别是班干部了解流程。要对学生做专门的培训和演练，让他们通过若干次实际操作掌握流程。重要的流程可以张贴在教室里，与家长相关的流程要告知家长。

没有流程，每件事的处理都是个案，处理情况每次可能都不同；有了流程，处理问题就规范了。没有流程，学生或家长有任何问题，都只能找班主任，也只有班主任才能处理；有了流程，即使班主任不在，很多问题也照样能得到妥善处置。凡事按流程走，规范而严谨，可以有效地保护师生。

班级的岗位管理流程在本书第 3 章中已具体讨论，班级议事流程将在后续章节中单列。本章将举一些关于班级常规事务处理、班级活动、学生违纪问题、班级突发事件处置等流程的具体例子。需要说明的是，每个班级的管理流程需要班主任自己制定。本章展示的所有流程仅仅是笔者在自己的班级里制定并使用的，只能作为参考。

二、班级事务处理流程示例

班级各类事务的处理，要尽量做到有流程。

1. 常规事务处理流程

（1）请假流程

我所带班级的请假流程如下（见图 4-4）。

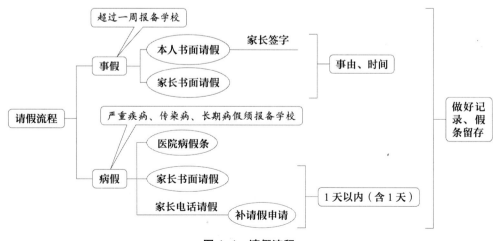

图 4-4　请假流程

学生总会因为各种原因需要请假。班主任一定要和家长做好核实工作再批假，比较长的事假、病假要报告学校，并注意保存假条。

（2）交作业流程

我所带班级的交作业流程如下（见图4-5）。

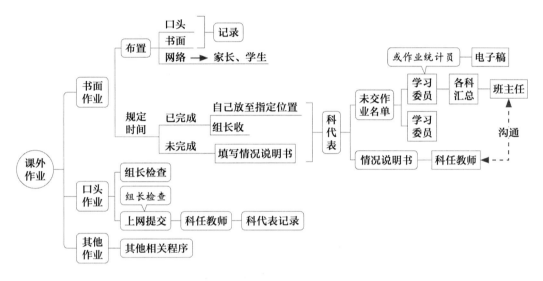

图4-5　交作业管理流程

学生的作业分为课堂作业和课外作业。课外作业又分为书面作业、口头作业和其他作业。班主任可以根据班级和学生的特点选择交作业的方式。无论是自己交还是组长或科代表收，最后都由科代表负责交到科任教师办公室。科代表需要记录未交作业者名单，一式两份。一份交给科任教师，一份交给学习委员（或作业统计员），由学习委员将每天交作业的情况汇总（有格式化表格）到班主任处并做好记录（电子版），便于班主任掌握情况。如果学生因各种原因未能按时交作业，需填写未交作业情况说明书（格式化），简要说明原因。说明书由科代表交给科任教师。班主任与科任教师保持沟通，保证信息通畅。学生如果补交了作业，需告知学习委员（或作业统计员），学习委员核实后更新作业记录电子表格。这样，班主任即可根据这些信息决定采取哪些措施（如谈话、询问、联络家长）。本流程略显烦琐，适用于交作业整体情况良好的班级，不适用于每天有大面积不交作业的班级（后者需要从重点学生和重点学科入手解决问题）。

（3）学生生病处置流程

我所带班级的学生生病处置流程如下（见图 4-6）。

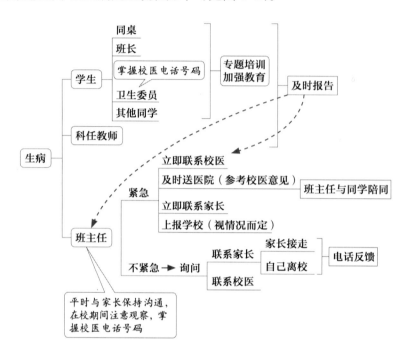

图 4-6　学生生病处置流程

班级是否需要对学生进行一些常见疾病的简单处置训练，班主任可以根据有无合适的资源和时间、空间自定。但至少，班主任、班级卫生委员应该掌握校医的电话号码，熟悉校医务室地点。班主任与家长要有常态的联系，要及时关注天气状况，及时提醒家长。对班级中有慢性病和既往病史的学生要做到心中有数，平时注意观察学生的脸色、状态，一旦发觉情况异常，要及时询问（我用这个习惯不止一次及时发现了学生的问题）。有心的班主任亦可自学一些医疗基本常识。

无论是学生还是科任教师，一旦发现有人状况不对，即可按照图 4-6 所示流程处置。

2. 活动或工作流程

例行工作按流程走，这是常识。活动流程是按照时间顺序，将活动各个环节需要做什么事、由谁负责做、出现问题找谁解决明确下来。有了流程，活动组织者就可以方便地指挥协调、控制进程，忙而不乱，活动参与者也明确地知道了什么时候要做什么事。活动流程可以是为某一次活动专门设计的，也可以是能够重复使用的。

（1）大扫除流程

我所带班级的大扫除流程如下（见图 4–7）。

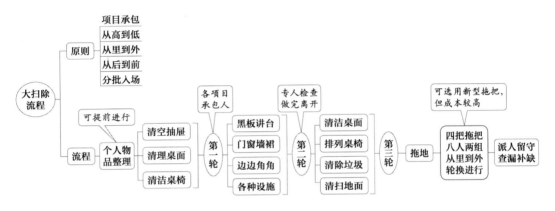

图 4–7　大扫除流程

流程特别适用于多人参与、环节较多的集体活动，如大扫除。如果没有流程，即使学生热情很高，大扫除也会很忙乱，重复劳动多，效率低。学校经常组织大扫除，班主任有必要设计大扫除流程，并对学生进行辅导。人多力量大，如果方法得当，大扫除时间完全可以控制在 20 分钟之内，且效果还好。其基本要点如下：把所有需要清理的项目承包到人，人员分批入场。教室在大扫除时是作业场所，不能有闲人逗留，每一轮作业时只留下承包人，其他人暂时离开。由劳动委员或班主任调度。第一轮任务完成后承包人就离开，第二轮任务的承包人进场，以此类推。要合理安排清理项目的顺序，确保后入场学生的动作不会破坏前面的劳动成果。所以，清理要从高到低，从里到外，地面最后清扫，地面清扫结束，就意味着大扫除完成。

类似大扫除的班级工作还有很多，都需要有流程，也需要班主任在平时的工作中多积累。

（2）活动流程示例

每次组织活动的流程需要班主任自己设计或指导学生设计。一次活动一个流程。图 4–8 是我所带班级某次大型集体生日会活动的流程。

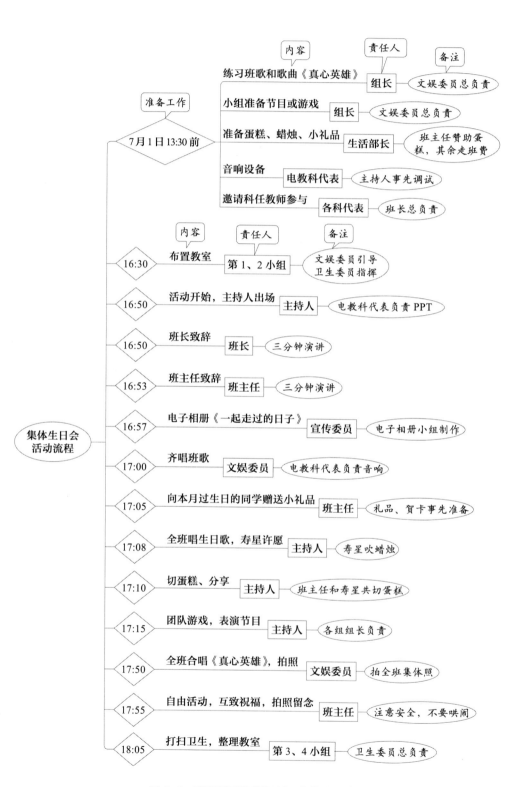

图4-8 班级活动流程示例：集体生日会

3. 学生轻微违纪行为处置流程

学生"大错不犯，小错不断"，令班主任非常烦恼。妥善处理各种轻微违纪行为是班主任无法回避的问题。大致的处理思路如图 4-9 所示。

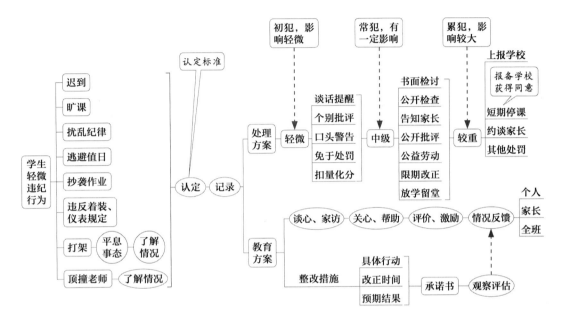

图 4-9　学生轻微违纪行为处置流程

首先，学生有无违纪、违纪的程度怎样，需要有明确的认定标准。处置方法与违纪程度相关，如对初次迟到与经常迟到的学生，处理方式肯定有所区别；对学生打架的处理和对逃避值日生工作的处理也不可能一样。

其次，图 4-9 仅仅介绍了学生轻微违纪行为的处置方法，而且它们是通常的做法，不适用于严重违纪行为或特殊个案。班主任对学生的严重违纪行为没有处置权，而特殊个案需要一定的教育智慧去处理，并不是固定的三招两式就能解决问题的。

再次，对违纪行为进行处理的同时，要加强对学生的教育，帮助他们认清错误，并制定整改方案，且持续关注，帮助他们克服各种困难。应及时鼓励学生，让他们恢复自信，自觉保持行动。

学生违纪，不是靠一个"罚"字就能解决的，配套的教育措施一定要及时跟进，切不可"以罚代教"。

最后，对学生较为严重的"轻微"违纪行为，班主任要与学校上级主管部门保持沟通，及时报备，处置方案要向主管领导汇报并征得同意。

4. 班级突发情况处置流程

班主任有时候会遭遇班级突发（偶发）事件。有心理准备，有应对预案和处置流程，平时加强对学生的教育和演练，有利于妥善解决这类事件。

（1）意外伤害

图 4-10 是我带班时制定的意外伤害事件处置流程。

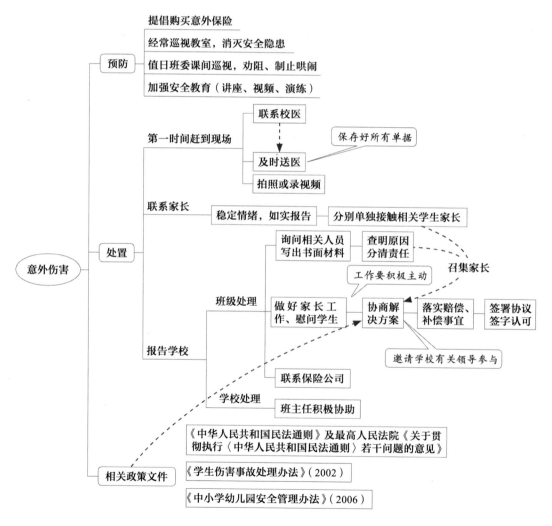

图 4-10 学生意外伤害事件处置流程

校园是学生密集的地方，学生在校时间很长，在课间休息时和活动中发生意外伤害事件在所难免。遇见此类问题，班主任不必惊慌，可按照图4-10所示的流程处置。

意外伤害事件，重在预防。我国学生普遍安全意识淡漠、缺乏常识，急需加强这方面的教育培训。班主任在班会课上应该有意识地安排相关内容，寻找合适的资源开展教育。班主任平时也要留心观察教室内外学生经常活动的区域有无安全隐患，如果有，要及时采取措施。我曾经带领全班学生做过"校园安全隐患排查"的小课题，对学生的触动很大。班级需要安排专人在课间巡视，提醒同学，制止追逐、哄闹和危险举动。学生购买意外伤害保险并非强制的，但班主任应该对家长做好宣传工作，最好让他们为孩子买一份保险。虽然谁都不希望意外发生，但是一旦发生，一份保险将会帮上大忙，非常有利于平息事态。

意外伤害事件有很多起因，有些完全是学生个人造成的，有些则是同学之间追打、哄闹或恶作剧造成的。两种情况的处置方案并不相同，后者涉及调解、谅解和赔偿等问题。发生由学生冲突或哄闹引起的意外伤害时，班主任一定要及时介入，积极主动，分别做好涉事学生家长的工作，积极达成和解协议并请双方签字。情况严重的，班主任不能隐瞒情况、擅自处理，应该及时请示学校，以学校处理为主，自己积极协助。图4-10中还提供了几份法律法规参考文件，在网上可以方便地搜索到。详细了解相关政策法规，对班主任处理好这类事件会有帮助。

（2）打架斗殴

学生之间打架时有发生。打架属于比较严重的违纪事件，涉及的学生可能是一个班级的，也可能不是一个班级的。无论什么情况，班主任都必须在第一时间赶到现场并采取果断措施控制事态。班主任不要有畏惧心理，总体来说，学生还是在乎教师的行为的，所以一般情况下不必过于担心。教师有责任制止双方的斗殴并妥善处理。当然，在此过程中教师要注意保护自己。图4-11是我为本班学生打架提供的处置方案，一些做法参考了《学校安全工作实用读本》（*郑增仪主编，华东师范大学出版社2011年出版*）。

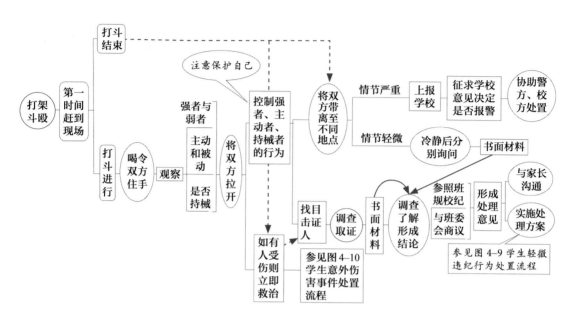

图 4-11　学生打架斗殴的处置流程

（3）与外班发生冲突

班主任处理本班学生与外班学生发生的冲突，最重要的是不偏不倚。班主任对自己的班级、自己的学生，都有一种本能的爱。但是，把这样的情感带入冲突事件的处理，必然会让外班学生感觉不够公正，从而激化矛盾。班主任应该加强与冲突班级班主任的沟通，共同商议如何解决问题。如果情况严重或与同事沟通不顺畅，自行解决有困难，应该及时向学校汇报。此事是一个教育契机，处理得当，事情完全可能向好的方向转化。两班学生和解，甚至"不打不相识"，结为"友好班级"，是最美满的结局。处理此事的底线是不能加剧矛盾，更不能引发二次冲突。所以，班主任在达成共识、落实处理方案后的一段时间里，一定要加强对学生的观察，防止学生表面平静，私下里还想继续有所行动（这种情况很有可能发生，特别是某个班级感觉"吃亏"了时）。要培养大气的学生，就应教育学生以正当的手段赢得竞争。

处置流程如图 4-12 所示。

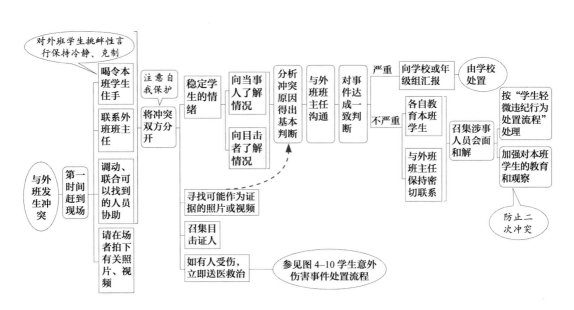

图4-12　与外班发生冲突的处置流程

（4）师生冲突

师生冲突是班主任极不愿意遭遇的问题。所以，一定要在班级里营造尊师重教的风气。要多在学生面前谈科任教师的优点，利用各种机会邀请科任教师参与班级活动，在师生互动中培养感情、改善关系。对学生的思想状况要及时把握，对学生的情绪要及时疏导（让学生写周记，和学生谈心、网络聊天等都是很好的方法）。要特别关注班级里个性独特、脾气暴躁的学生，经常与他们交流，关心他们。也要经常和科任教师沟通，了解科任教师的个性和教学风格（在适当的时机可以巧妙地向学生介绍），询问科任教师对班级和学生的看法。如果这些工作都做到位了，那么发生师生冲突的可能性就会大大降低。

一旦发生师生冲突，班主任就要及时处置，分头做好科任教师和学生两方面的工作，最好能达成师生和解。师生冲突的主要责任不一定都在学生，如果班主任只是一味地批评学生，就会给学生造成不公正的感觉，破坏班主任与学生之间的信任，给以后的教育工作带来巨大麻烦。所以，班主任在处理之前一定要先掌握基本事实，判定责任，并且追溯过往，了解学生情绪积累的过程。如果事出有因，就应该对学生的行为予以理解（不是支持），但是要求学生承担该承担的责任，并且教给学生妥善处理这类问题的方法。在班级里要严格要求学生不得以任何理由侮辱科任教师，如果认为科任教师对自己不公或工作方法有问题，那么首先应该和班主任沟通。班主任也应该尽力帮助学生。师生冲突的处置流程如图 4-13 所示。

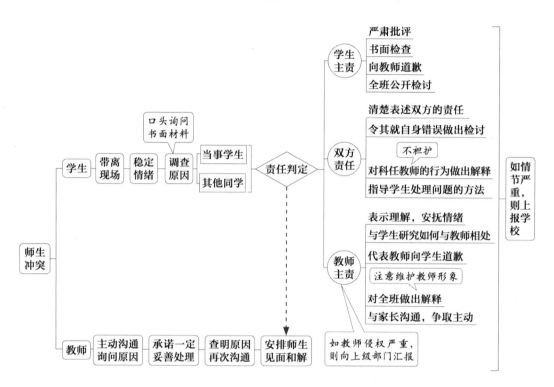

图 4-13　师生冲突的处置流程

05 班级教育、教学秩序管理

一、课堂教学秩序管理

课堂教学秩序分为课前准备秩序和课堂纪律两个方面。

1. 课前准备秩序管理

班主任应该重视班级的课前准备秩序，并制定流程，进行管理（见图 5-1）。

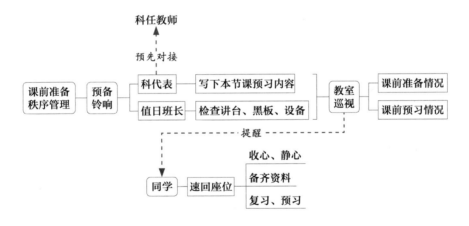

图 5-1　课前准备秩序管理

课前准备秩序管理要有具体要求，如我所带班级的"课前准备十六字"："铃声响起，速回座位，检查用品，开始预习。"责任人则是本学科的科代表和当天的值日班长。这样，每节课的课前准备管理人员至少有 2 人，由他们负责落实有关规定。

课前准备在硬件方面的要求是讲台、黑板整洁，教学仪器设备准备就绪；对学生的要求是利用两分钟预备时间定下心来，把本节课需要的课本、资料准备齐全，适当做一些预习、复习工作，以良好的状态等候科任教师。

2. 课堂纪律管理

课堂纪律管理对保证课堂秩序很重要。主要内容如图 5-2 所示。

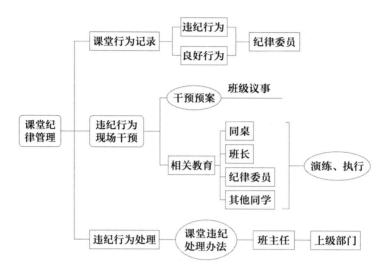

图 5-2 课堂纪律管理

课堂纪律管理中，人的素质是第一位的。所以在图 5-2 中，几乎每一个项目都有明确的责任人。其实，确定责任人只是初步管理，最重要的是要对这些责任人加强教育和培训。

对学生课堂行为的记录也是必要的，此工作可以指定专人（如纪律委员）负责，但是绝不要把课堂记录变成"告密"。如我所带班级只要求纪律委员记录情节比较严重的问题，同时要他把课堂上一些好行为记录下来。

对课堂上一些较严重的纪律问题或者师生冲突，班级必须有处置预案（即如果发生了这样的问题该怎么办）。发生问题后，班长、值日班长、纪律委员、当事人周边的同学或者班上其他学生都有责任实施干预，班长、纪律委员是主要责任人。班主任可利用班会课时间，带领全班学生专门制定相关预案并做一定演练，让大家都明确自己的责任。

二、课余时间秩序管理

课余时间是管理的重点和难点，因为课余时间属于学生的自由时间，所以，不能为了达到整齐划一或者不出事的目的，用强硬的规定"捆绑"学生。管理的基本思路是"以有意义的活动引导学生并提出有关要求"（见图 5-3）。

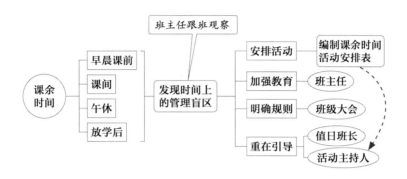

图 5-3　课余时间管理

我所带的班级主要是利用课余时间活动安排表（见表 5-1）来引导学生。

表 5-1　班级学生课余时间活动安排表

时　间		活　动	要　求	责任人
早晨	7:20 之前	交作业、整理个人物品	不闲聊、不喧哗	值日班长
		做课前准备		
	7:20—7:25	继续上述活动	不闲聊、不喧哗	值日班长
		科代表整理作业		
	7:25	值日班长"一分钟点评"	停止交作业	值日班长
			科代表统计交作业情况	学习委员
	7:26—7:30	文学鉴赏、推荐、读书等	进入学习状态、不走动	主持人
中午	11:55—12:30	午餐、自由活动	不喧哗、不哄闹	值日班长
	12:30—12:40	自查卫生、准备午休	不走动、不喧哗	科代表
	12:35	值日班长巡视	各人准备好要做的事	值日班长
		午间检查		
	12:40—13:25	午休（含午间影院 20 分钟）	教室内静音	纪律委员
	13:25—13:35	自由活动	不喧哗、不哄闹	班长
	13:35—13:40	下午课前准备	坐下、安静、自学	值日班长
				科代表
下午	17:15—17:20	放学前的结束工作	记录作业	学习委员
			检查座位周边、排桌椅	劳动委员
	17:20—17:45	打扫卫生	按值日生表要求做	劳动委员
	17:45	全天活动结束	关电源、关窗、锁门	值日班长

课余时间活动安排表的编制并不难。首先，要研究学校的作息时间表，把所有不上课的时间找出来，列在表上，尽可能利用这些时间安排一些活动。这些活动与课堂教学活动不同。课堂教学活动是所有学生必须参与的，而自由时间的活动不强制学生参与，它的主要作用是吸引学生的注意力，同时让班级始终处于"有事做"的状态。播放一段小视频、听一首歌、推荐一篇美文、介绍一个艺术作品、欣赏一首诗，等等，都是可以考虑的。

根据活动内容，可以对学生的行为提出一定要求。虽然是自由时间，但是并不存在绝对的自由。个人的自由应该建立在不影响别人自由的基础上。高声喧哗、追打哄闹等行为都是在侵犯别人的自由，也影响其他人参与活动。教室是公共场所，在教室里必须注意公德。

管理时间靠人。在每个时间段都要安排学生做活动主持人，同时，也安排有关人员上岗执勤，维护公共秩序，做必要的管理或记录。比如班长、值日班长、纪律委员、科代表，他们在各个时间段都有一定的管理职责。班主任应加强对他们的指导和教育，然后再让他们去管理时间。这样，无论班主任在与不在，班级都不会出现"群龙无首"的状态。

学生的广泛参与可以有效地减轻班主任的工作负担，而且可以帮助学生逐步实现自主管理。细致安排课余时间，也可以避免学生因为"无事可做"而"无事生非"。

三、班级秩序管理辅助机制 —— 值日班长制

值日班长相当于班级一天工作、生活的总管，按照班级的运作流程，在某些时间点上做一些管理或服务工作。值日班长有一套工作装备，包括值日班长职责、全班同学的名条、午间和放学后的卫生检查表、一本班级日志，等等。值日班长一日工作流程如图 5-4 所示。

从图中的职责可以看出，值日班长要从早忙到晚，是很辛苦的。所以，不能固定由一个人或某几个人做。我们规定全班所有人都要轮流担任值日班长，按照学号顺序，一个人做一天，一个学期最多做两到三次。工作量平摊了，每个人的负担就不会太重，也比较公平。

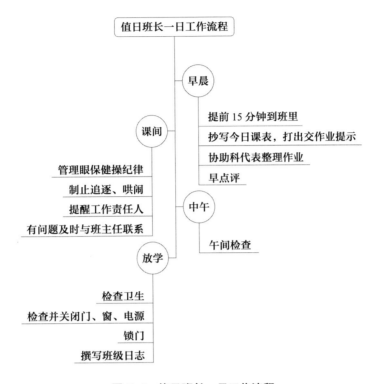

値日班長一日工作流程

早晨
- 提前 15 分钟到班里
- 抄写今日课表，打出交作业提示
- 协助科代表整理作业
- 早点评

课间
- 管理眼保健操纪律
- 制止追逐、哄闹
- 提醒工作责任人
- 有问题及时与班主任联系

中午
- 午间检查

放学
- 检查卫生
- 检查并关闭门、窗、电源
- 锁门
- 撰写班级日志

图 5-4　值日班长一日工作流程

如果值日班长的工作都能做到位，那么班级管理质量将大为提升，班主任也会轻松很多。但实际上不可能达到预期效果，因为虽然每个人都做值日班长，但是人与人之间的能力和责任心差距很大。不管效果如何，它倡导了"人人为我，我为人人"的理念，给所有学生提供了公平参与班级管理的机会。如果因为有些人责任心或能力不强，就把他们排除在班级管理体系之外，他们就会变得更消极，无法产生主人翁意识。同时，因为他们没有管理者的体验，就无法换位思考，无法理解管理的不容易。

所以，设置值日班长在教育学生方面的意义要超过实际工作的意义。不过，值日班长制有局限性，只能起到辅助班级管理的作用。

在具体的操作层面，建议班主任尝试以下做法。

①加强值日班长岗位培训。因为所有人都要担任值日班长，所以值日班长的培训是全员培训。班主任要在培训中强调设立值日班长岗位的意义，一一解读岗位职责。平时要对值日班长随时加以指导和激励，发现问题及时指出。

②简化值日班长的工作流程，减轻值日班长的工作量，不要把什么都交给值日班长做，自己撒手不管。既然不能完全做到，就应该把值日班长的职责进一步简化。比

如，把图 5-4 中的任务分成必做的和选做的。评价值日班长称职与否，只看必做部分。选做的任务要求高一些，做了应有奖励。

③ 加强对值日班长工作的提醒。将值日班长的名字写在黑板左上方醒目的位置，常务班长或团支部书记要时常提醒那些容易忘事的值日班长，有时候也可以帮助值日班长一起做工作。

④ 对认真履行值日班长职责的学生予以表彰。比如，每学期评选一批优秀值日班长予以表彰，鼓励他们继续认真工作。同时，也请他们向其他学生介绍经验，分享做值日班长的体会，帮助其他学生进步。

06 班主任的基本工作

一、制订班主任工作计划

科学管理的起点是计划。工作没有计划，就容易陷入杂乱和被动应付的局面，无法让班级在教师有意识的引导下稳步发展。

制订工作计划也是班主任的一项专业基本功。一份完整的计划由总论、正文、结语三部分组成。其中，总论部分是对班级整体情况和奋斗目标的概述，正文部分是计划的具体内容，结语部分是对班级发展前景的畅想（见图6-1）。

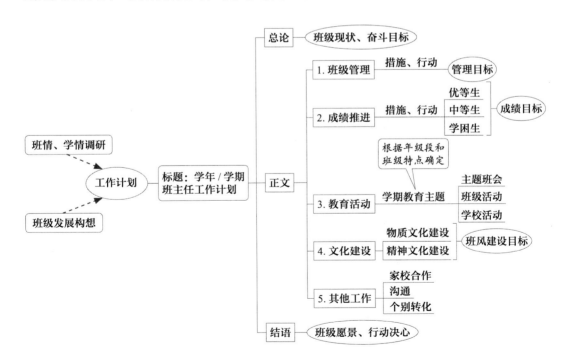

图6-1　班主任工作计划的制订

一份工作计划是否翔实、务实，取决于班主任对班级情况有没有深入研究、对班级发展是否做过系统思考。

① 计划的内容要具体，不要说空话、套话。所谓具体，就是要有明确的行动和目标。如"加强对学生的思想教育"就是空话，"坚持按学号顺序和学生谈心，每天 1—2 人次"就很具体；"争取优秀的成绩"是套话，"在期末考试中，班级总均分争取进入年级前三名"就很具体。

② 计划要有条理。分板块、分段、列出小标题等，都可以增强计划的条理性，让人一目了然。

③ 计划的总论和结语部分要简明扼要，一两句话即可概括。

图 6–1 对计划总论部分的提示是"班级现状、奋斗目标"。具体可以这样说："本学期是学生成长的关键时期，也是容易出现叛逆、成绩分化的学期。针对这些特点和班级发展状况，特制定本学期工作计划如下。""本学期是进入高中的第二个学期。班级常规运作和团队建设已走上正轨，本学期班级的重点工作是'自主学习意识和习惯的培养'。为此，特制订工作计划如下。"

计划的结语部分是对班级发展前景的展望，也是对正文部分具体行动预期结果的归纳。具体可以这样表述："通过以上努力，争取把我班建设成为班风优良、学风健康、成绩领先的优秀班集体。"

④ 计划的正文部分要具体、明确，但不一定要面面俱到。要综合考虑学生的状况、所处年级段的特点、学校的文化氛围等因素。计划要可执行，目标要设定合理，有实现的可能。

计划的正文部分通常由教育、管理、成绩、活动等板块构成，但并无固定要求。班主任可以根据自己的想法设计板块。有些工作（如沟通）不好归类，可以放入"其他"板块。"其他"工作不是可有可无的，相反，可能是非常重要的，是别的板块的工作能不能落实的重要保证（如与学生和家长的沟通等）。

附：制定目标的 SMART 原则

计划中一定包含目标。制定目标要遵循 SMART 原则。所谓 SMART 原则，是指目标必须明确，目标必须可测量，目标必须可达到，目标与目标之间有关联，实现目标要有时间限制（见表 6–1）。

表 6-1　SMART 原则的特征

原则	特征
S（specific）	目标是明确的
M（measurable）	目标是可测量的
A（attainable）	目标是可达到的
R（relevant）	目标是互相关联的
T（time-based）	目标是有时间限制的

示例　班主任工作计划中关于班级成绩推进的目标

在我某学期的班主任工作计划中，关于班级成绩推进的目标制定即遵循了 SMART 原则。

（1）大型考试总均分进入年级前三名（目前是第四名）。

（2）10% 的学生进入年级领先行列（年级前 20 名）。

（3）85% 的学生进入年级中等以上水平（年级前 300 名）（目前为 74%）。

（4）消灭低分（年级后 100 名）。

二、写评语

写评语是班主任的一项常规工作，对此，我有以下建议（见图 6-2）。

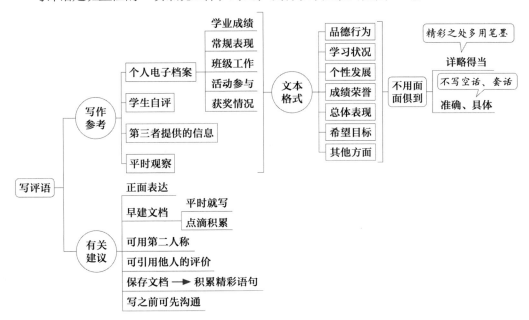

图 6-2　关于写评语的建议

有关班主任写评语的讨论很多，比如评语的意义、价值，只由班主任写评语是否公平、公正，如何改革写评语的方式，等等。但我认为，不管如何创新，就工作的性质和职责来看，写评语应该还是班主任的"专利"。所有学生自评、互评、组评、科任教师寄语，均不具有权威性，只能作为正式评语的参考。班主任是写学生评语的第一责任人，其他人无法替代。正因为如此，写评语责任重大，所以班主任要端正态度、提升写评语的水平，对学生做出客观、公正的评价，同时尽量让评语发挥它的教育、激励功能。

有的班主任会用很文艺的语言把评语写得很煽情、很华丽，而我认为那样的语言用于平时的日记、周记、信件沟通是可以的，而评语必须用比较理性、客观的语言，在平实中体现对学生的激励和关心。当然，每个班主任的写作风格不同，不必强求一致。

以下仅从技术层面对写评语提出一些建议。

①把工作分解到平时分散着做，这样负担就不会太重。

方法是建立一个写评语的文档，录入全班学生的姓名，每条后面留下空白，平时观察到哪个学生有什么表现或者对他有什么想法，就打开文档写一点儿，一个学期下来评语基本上就水到渠成了。这样可以避免临时抱佛脚。如果到学期结束前一个月左右，还有一些学生姓名后面是空白的，说明你平时对他们是忽视的，这时就要提醒自己多关注他们。这样不仅可以帮助你写出漂亮的评语，而且对工作本身也是一种促进。

②打开文档，在每个学生的名字后面写下你最先想到的词语，想到多少就写多少，这叫搭架子。搭架子的速度要快，遇到想不出来的，就先跳过去，在随后的日子里注意多观察，然后再为评语充实内容。评语一定要有血有肉，不能全是泛泛而谈的套话。像"刻苦学习""热爱劳动"等词语可以用来搭架子，在每个定性描述后面，如果能有一些具体内容就更好。比如，写出学生在某次活动中的出色表现，比一句"积极参加集体活动"要强得多。

③在正式写评语前的一段时间里可以进行"自由写作"。眼中浮现出学生的画面，想到什么就写什么，不要受格式或体裁的约束，为正式评语积累文字。可以利用写评语的机会锻炼自己的写作能力。也许，一个班的评语写就，还能催生出几篇教育叙事。这样的文字，即使没有完全用在学生评语上，在其他场合也能派上用场。

④让学生写一篇自评，再让学生组对互评，综合参考这些信息，加上你的评价，

便构成评语。这样的评语更加全面、客观。可以在评语中直接引用你也赞同的、别人对某个学生的评价，比如，"你的好朋友都说你是……老师非常赞同""在同学眼中，你是……"，等等。

⑤ 给评语设计较为固定的程序，文字和内容可以不同，但套路大致一致，这样可以提高写评语的速度。比如，前一、两句讲表现，第三、四句讲学习，第五、六句讲活动，第七、八句讲个性、特长、获得的荣誉，最后一句给结论，等等。

⑥ 在学生最具代表性的地方多用笔墨，不要面面俱到。前面提出的程序不是呆板的，可以适当调整或增减。

⑦ 跳着写，先从最容易写的学生入手，把"难以下手的"放到最后。

⑧ 写不下去的时候，问问同事对这个学生的看法。

⑨ 写评语之前先找学生谈一次话。

⑩ 给每个学生建立电子档案，用于记录平时他在学习、活动方面的表现。参照电子档案给学生写评语。

⑪ 在评语中给学生建议一个具体目标，而不是"争取更大的进步"之类空洞的套话。比如，"希望你在下个学期获得'学习进步之星'，对你这样聪明的孩子来说，只要用心，不难做到"，等等。

⑫ 用正面的语言代替负面的语言说同一件事。比如，将"学习成绩不理想"改为"学习上有很大的提升空间"，要从不好的情况中看到学生好的地方或者希望。

⑬ 单独建一个文件夹把每学期的评语都保存下来，还可以建一个评语用语库，里面都是你曾经用过的好句子，以便为下一次写评语提供参考。

三、布置、安排工作

班主任需要不断布置、安排班级工作。班级工作的布置、安排主要有五个途径。其中例行的工作主要是由岗位职责明确的。但是，不要以为有了职责或制度就不需要反复提醒、强调了。事实上，学生还是会经常遗忘。此外，岗位职责不能明确所有工作。在具体事务上，如果岗位职责或班干部的职务说明里没有明确规定，沟通就更为重要了。所以，班长或团支部书记有一项重要任务，就是与其他同学保持良好沟通，凡事多商量。如果沟通后依然没效果，就需要由班主任定夺。图 6-3 为工作布置、安排图。

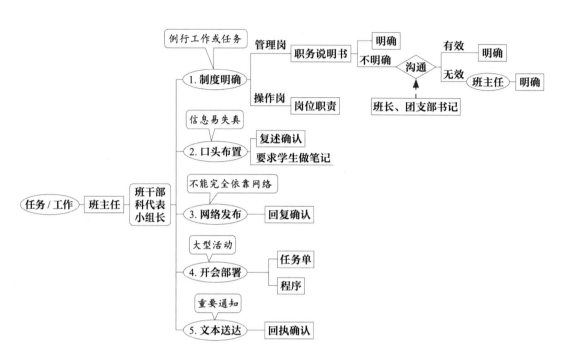

图6-3 班级工作的布置、安排

口头布置是最简单的，也是班主任最常用的。但口头布置工作容易造成学生遗漏、遗忘或误解。所以，当班主任要责怪学生怎么总是记不住事情时，要先反省自己是不是说清楚并让学生记住了。"你听明白了"的前提是"我说清楚了"。必要时要配合板书或书面通知。时下，通过网络布置工作越来越普遍，这种方式便捷、高效，缺点是因为群里信息更新快，容易被家长或学生遗漏。所以，要通过回复确认。现在有很多更好的家校沟通软件，可以显示家长阅读通知的情况并自动提醒家长，班主任可以尝试运用。

开会是非常重要的工作安排方式。工作布置协调会是班级最常用的会议之一，适用于安排大型的、复杂的、涉及多人多环节的活动。这种会议的目标一般是确定活动程序或制定活动任务单（参见本章第7部分"组织召开班级会议"的相关内容）。

重要工作的布置终端往往采用文本形式。

四、编排座位

座位编排是一个看上去很小，实则大有讲究的工作。其情况如图 6-4 所示。

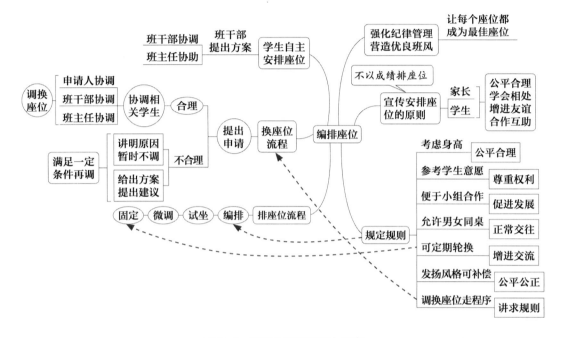

图 6-4　班级座位的编排与调整

很多班主任都比较重视教室座位的安排，但如果仅从技术层面来看，座位安排并无多少技巧。其实，座位不是孤立的问题，它与班级风气、学生素养关系密切。所以，要将安排座位纳入面向班级整体的教育内容中。班级学风正、纪律好，"好座位"与"差座位"的区别就不明显。因此，班主任不要单纯地思考"怎么安排座位"，而要将更多教育元素融入座位问题。如果大家都好学上进，那么每一个座位都是好座位；如果班级风气有问题，不思进取的学生多，那么教师心目中的"好座位"和部分学生的想法则是相反的。座位不仅是学生"坐的位置"，更是一种资源，一个建立班级社交圈子的平台，一个体现学生素质的窗口，一个学习社区的单元。所以，无论是编排座位还是调换座位，都能从中看出教师的教育理念和智慧。

按照一定的规则编排、调换座位是最基本、最常用的方法。制定规则的指导原则是公平、合理，有利于课堂纪律管理，有利于学生发展，鼓励合作互助。不应以成绩高低作为编排依据。这些原则应该对学生和家长充分宣讲。编排座位的规则包括考虑身高、参考学生意愿（可以让学生填写同桌意向表）、轮换座位的时间和调换座位的程序等。如果班级进行小组建设，排座位时还需要考虑方便小组合作。对顾全大局、主动谦让的学生应予以奖励或适当补偿，并且如果他今后有换座位的要求可以优先考虑。制定这些规则有一定的依据，这体现了班主任的教育理念。

鼓励学生自排座位。比如，可以由班长（或其他班干部）拿出一个主导意见，经过学生协商、班干部协调后排好座位。班主任审核、批准并适当协助班干部。这个方法既充分放权给学生，又可以避免使班主任处于编排座位矛盾的中心。

五、值日生安排与保洁工作

班主任应重视班级保洁工作。我所带班级的保洁工作要点如下（见图 6-5）。

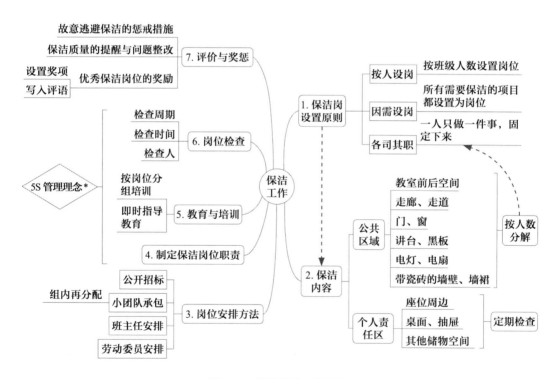

图 6-5　班级保洁工作要点

*：5S 管理理念参见本小节后面"附：班级 5S 管理"。

班级的保洁工作是班主任最基本的工作之一。这项工作的意义不仅仅是把保洁任务完成或者为班级争取一面卫生流动红旗，其中还有大量教育内容，包括劳动意识、

责任心、公德心的培养等。卫生管理水平是班级管理质量的重要标志。干净、整洁的环境可以为学生提供良好的学习、生活条件。所以，无论从哪个角度看，班级的保洁工作意义都很重大。

班级保洁工作各环节的要点如下。

① 保洁岗位的设置思路是将班级所有需要保洁的地方（包括设备）按班级人数分割，确保一人一岗（人人有事做），并且班级所有需要打理的公共区域都有人负责（事事有人做）。取消大扫除，保洁任务都分解到平时完成。

② 每个学生的座位及其周边属于个人承包的责任区，必须自己负责保洁。

③ 保洁岗位的安排方法参见图 6–5 中的相关内容。

④ 保洁岗位的职责制定、培训要求、检查标准等工作的主要依据是 5S 管理理念。关于班级 5S 管理的问题参见"附：班级 5S 管理"。

⑤ 因为班级采用的是岗位承包制，所以可以不设值日生组长（当然也可以根据自己班级的情况确定）。卫生检查工作主要由卫生委员、劳动委员（可以分别设，也可以合二为一）、值日班长承担。定期检查包括中午、下午各一次。中午检查比较简单，由值日班长完成，主要起提醒作用。下午放学时的检查由值日班长和劳动委员联合完成，其中值日班长主要检查个人承包区，劳动委员主要检查值日生到岗情况和公共区域的保洁。对不是每天要做的保洁工作（如擦窗户，通常每周一次），承包人完成工作后，自己在任务完成表上签字。劳动委员见签字后检查，承包人逾期未签字，劳动委员要提醒，并督促其完成。

⑥ 岗位检查是岗位评价的基础。评价要多激励，可以设置一些与保洁相关的奖励（如"优秀值日生""卫生示范岗"），并在学生评语中有所反映。对责任心不强、逃避保洁工作的学生，要多提醒、多教育。当然也可以有一定的惩戒，但惩戒还是以做公益劳动为主。

附：班级 5S 管理

5S 管理起源于日本，是一种品质管理理念，后被广泛引入世界各地的各种单位和部门。5S 代表"整理""整顿""清扫""清洁""素养"五个词（它们的日文拼音分别为"seiri""seiton""seiso""seiketsu""shitsuke"）。在班级里引入 5S 管理有重要意义——注重细节，培养好习惯，保障环境优良，并以此提升学生的素养。

图 6-6 是我所带班级的 5S 管理。

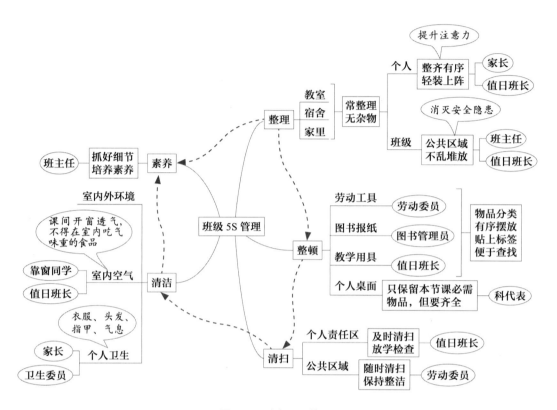

图 6-6　班级 5S 管理

整　理

要求学生对教室内部的活动区域或自己的物品经常做整理，同时希望学生把这个习惯延伸到自己家里。及时清理掉无用的东西，既可以抛掉让人分心的东西，使自己专注于学习，也可以减轻不必要的负担，轻装上阵。教室公共区域和通道保持畅通，不胡乱堆放物品，学生活动或走路时就不会磕磕碰碰，且有助于消灭安全隐患。整整齐齐的教室既可以使学生感觉神清气爽，提高学生的注意力，同时也能营造井然有序的班级气场。

整　顿

整顿和整理工作有相似之处，但要求更细致一些。整理的关键是保留必需的用品，不乱堆放，没有死角。而整顿要达到的效果是便捷、高效。比如，教室的工具、备品要分类摆放整齐，以便于查找和使用，并且在相应的位置贴上标签。卫生工具要专门放置于教室一角，且有一定的顺序。班级微型图书馆的图书要分

类编号，贴上标签，整齐码放，由图书管理员负责。教师在教学活动中需要经常使用的物品应专门收纳在一个小整理箱里，我们班称之为"教学百宝箱"。里面有红、黑签字笔，胶带，胶水，订书机，剪刀，裁纸刀，翻页笔，即时贴，草稿纸，等等，平时安放在讲台一角，由专人承包负责打理。

就个人来说，比如，桌面上只保留本节课需要的学习用品，但是要齐全。科代表每节课上课前要做检查和提醒。我们经常发现，学生的桌面上杂乱无章，放了很多东西，当老师上课要求学生拿出一本练习册时，很多人都是临时在书包或抽屉里一通乱找，还经常找不到。这种坏习惯直接影响学习效率。整顿的意义之一在于不把时间浪费在找东西上。

清　扫

"及时清扫，随时保洁"的要求可以使大家始终生活在干净、整洁的环境中。我发现，有的班级不注意平时的保洁，都是等到放学后才集中打扫一次。学生在的时候教室不干净，放学后做保洁，教室打扫干净了，学生都回家了，给谁用啊？

清扫的要求和每个人都有关系，不只是几个值日生或班干部的事，因为我们要求学生，自己的东西和区域，如座位周边，保洁工作一律由自己负责。班主任、劳动委员、值日班长都会随时提醒。值日生只负责公共区域，如走道、走廊这些地方的保洁。讲台、黑板、教室的前后区域都设专人保洁，不分清扫时间，要求随时保持干净。

清　洁

整理、整顿、清扫，目的是保持清洁。所以，清洁既是对前三步工作效果的描述，还可以做一些扩展，如课间经常开窗透气、不在教室里吃气味很重的食品、保持室内空气清洁等。最好由专人负责这项工作。个人的仪容仪表、着装、头发、指甲、身上的气息等，均要保持清洁。班主任要告诉学生，这不是为难大家，而是帮助大家树立良好形象。另外，还要帮助那些习惯不好或生活有困难的学生逐一解决他们的问题。

素　养

为什么要这样要求学生呢？是为了培养学生良好的习惯，让学生成为有素养的人。所以，最后一个"S"——素养，才是最核心的，也是班主任做常规管理的目的。

把班级常规管理提升到培养学生素养的层面，立意就比较高。其实，很多班主任在常规管理中都在有意无意地运用5S管理的一些做法。班主任一旦明白了自己做法的出处和依据，运用起来就会更有底气，管理水平也会更上一个台阶。

六、任用班干部

选拔、任用班干部也是班主任的基本工作之一。班干部的任用与管理很有"学问"（见图6-7）。

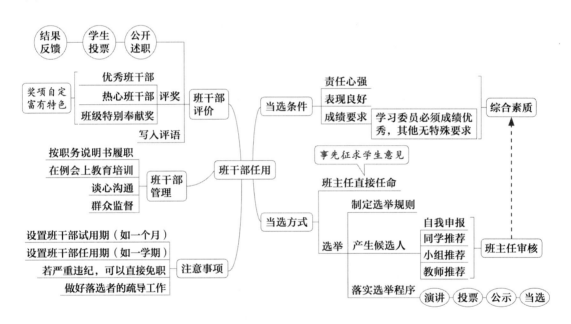

图6-7　班干部的任用与管理

班干部的任用不主张采用"海选"的办法或者完全根据学生的"毛遂自荐"，因为班干部代表班级的正面形象，应该由比较正派、优秀的学生担任。班干部并不要求十全十美，但应该具有较强的责任心。因此，需要"准入制"，设定若干基本入选条件。为避免不合适的学生通过一定方式获得选举高票，造成班主任工作的被动，班主任对候选人要严格把关。所有候选人必须经班主任的审核方可进入竞选程序。班主任亦有权直接任免某些班干部，当然可以设置一定的试用期或规定。

班干部的职能主要是组织、服务、示范、管理。把管理放在最后是因为它并不是班干部的主要职能。过多依靠班干部"管理"班级，似乎是班主任减轻自己负担的一种办法，但学生"管"学生会引发很多问题，甚至造成干群对立。班级管理应该是以班主任为核心，提倡合作互助、自管共管的方式。

七、组织召开班级会议

班主任作为班级的管理者和领导者，一项很重要的工作就是组织会议。组织会议、召开有效的会议，是班主任的基本功，也是班主任领导力的重要体现。班级会议（不是班会课，当然一些会议会利用班会课时间）在布置安排工作、培训学习、传递信息、交流沟通以及对学生进行教育等方面发挥着重要作用。

1. 班级会议的类型
班级会议可大可小，类型较多（见图6-8）。

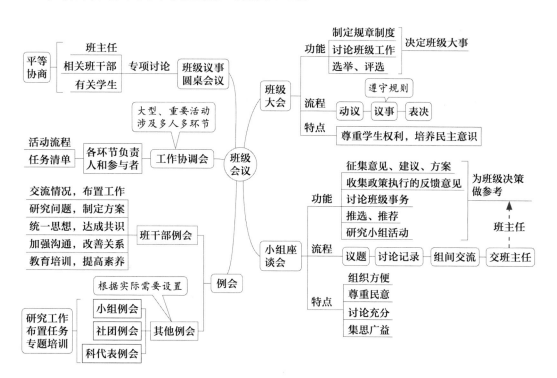

图6-8　班级会议的类型

（1）班级大会

班级大会不是简单的全班师生在一起开会，而是班级民主管理的重要形式。班级大会是班级的最高权力组织，用于讨论、通过重要的规章制度，研究班级重大事项，进行选举、表彰等。班级大会可以形成制度，也可以根据班级实际需要选择适当的时机召开。

班级大会是正式的班级议事方式，所以要有明确的程序和规则，事先确定议题，由专人组织和主持。主持人可以是班主任，也可以是学生。

根据"罗伯特议事规则"，我整理了一个"班级大会议事的基本规则"（见图6-9）。

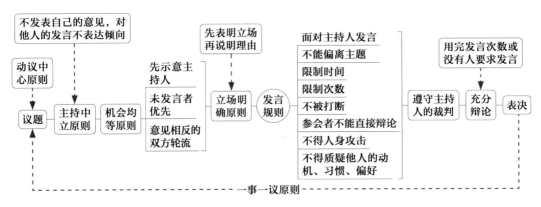

图6-9　罗伯特议事规则要点（可用于班级大会议事）

在班级大会上，就某个议题，留有专门的时间让学生（或班主任）陈述观点、充分讨论和辩论。发言和辩论有规则和时间限制，既要热烈又不能失去控制，对主持人的要求较高。利用班级大会讨论、确定班级管理规章制度，班主任可以引导、说服，与学生协商，有时候还要做出必要的让步。这些做法都是为了让师生双方就讨论的问题达成共识。

班级大会的最后一步通常是表决或投票。如果议题比较简单，大家的意见较为一致，可以采用鼓掌或举手等方式通过决议（由此可见"达成共识"的重要性）。如果讨论的问题比较重要、敏感或涉及一些惩戒措施（比如"校内使用手机的规定"），则最好采取无记名投票的方式。决议依据"少数服从多数"（可以是三分之二或其他比例的多数，要事先约定）的原则通过，但是一定要尊重"少数人"的意见。要以必要的议事规则维护学生表达意见的权利，倾听、记录、回复学生的意见或建议是表示尊重的主要方式。

班级大会的议事流程如下（见图 6–10）。

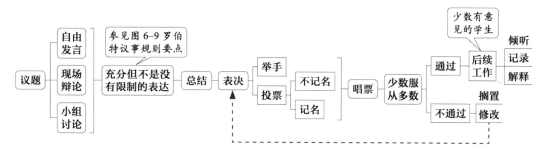

图 6–10 班级大会的议事流程

① 主持人提出议案（或议题）。

② 宣布规则，讨论议案（发言、辩论）。

③ 议案表决（鼓掌、举手或投票）。

④ 通过（或不通过）议案，形成决议。

班级大会议事的方法比较适合中学生。年龄过小的孩子不适合用班级大会议事的方法。议事规则需要反复训练，学生才能熟练掌握，在实际操作中才不会出现混乱。

（2）例会

例会，就是定期召开的会议。例会有一定的会议程序。常见的例会有班干部例会、科代表例会、小组例会、社团例会，等等。

以班干部例会为例，一般每个月召开一次（可以根据实际情况调整开会时间和频率），每次都要有比较固定的主题和内容。如开学初第一次例会以安排、部署本学期工作为主，最后一次例会则是班干部的学期小结，平时例会可根据情况安排以下内容。

① 布置班级工作或安排活动。

② 交流情况，研究班级存在的问题，商议解决方案。

③ 就班级规则、制度等问题统一思想、达成共识，再由班干部宣传，辐射到全班学生。

④ 班干部培训。

培训是班干部例会的重要内容。班干部培训项目参见图 3–7 所示相关内容。

（3）工作布置协调会

班干部例会或科代表例会也有布置工作的内容，但通常是例行的任务。而一些大型集体活动，涉及比较多的人或比较复杂的流程，往往需要统一协调，在活动前召开一个有关人员参与的工作布置协调会是非常必要的。会议一般要明确以下内容（要有书面记录）。

① 工作的具体负责人和参与者。

② 各项任务完成的具体时间。

③ 工作的要求是什么，要达到什么效果（目标）？

④ 出现问题如何解决（找谁解决）？

总之，工作布置协调会要务实，内容要详细、具体，不要只讲大道理。工作布置的结果一般以活动流程或工作任务单两种方式呈现。其中活动流程参见本书图 4-8 所示相关内容。工作任务单以表格或清单的方式让每一个参与工作的人明确要做哪些事、有什么具体要求，这也是一种常用的方法。

班主任还可以将活动流程的制定方法教给学生，让学生试着做流程，自己指导、修改。经过几次锻炼，学生也能基本掌握这种方法。

（4）小组座谈会

小组座谈会是学生自主管理、"参政议政"的重要途径之一。其流程如图 6-11 所示。

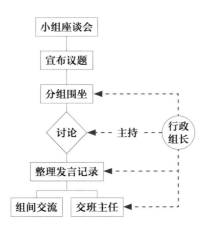

图 6-11　小组座谈会流程

　　班主任可以利用小组座谈会组织学生讨论班级事务，研究班级工作，推选或评议，开展头脑风暴，征集方案，让学生对班级政策提出意见和建议，甚至对班级管理问题进行"吐槽"。小组座谈会制度广开言路，让班级气氛变得民主而生机勃勃。

　　小组座谈会操作很方便，班主任可以根据需要随时组织。全班性的座谈会可以以小组为单位，由组长负责主持。班主任可以参与其中任何一组，也可以在各个小组都坐坐，和学生广泛交流。还可以根据讨论的话题选择部分学生座谈。座谈地点可以在教室，也可以在户外或者校外其他合适的地方。

　　组织小组座谈会的操作要点如下。

　　① 要有明确的讨论主题（可向主持人印发讨论提纲）。

　　② 要鼓励学生多说话，要对大家的发言做书面记录，所以要有记录员（可以由主持人兼任）和专门的记录本。

　　③ 班主任或班干部对大家提出的意见要予以回复。

　　④ 小组推选先进或进行评议，要有具体的规则。

　　以小组为单位的全班性座谈会可以分成两个阶段——讨论和交流。一节课的座谈会时间，可以先讨论 30 分钟，然后由各组组长向全班交流本组讨论的主要结果，时间约 15 分钟。

　　传统的班级管理，一般都是班主任说得多，学生难得有机会表达自己的观点和想法。民主管理则需要学生广泛参与。所以，班主任要经常把说话的机会让出来，不仅要自己说，更要听学生怎么说，做到知己知彼。

　　小组座谈会的主要功能是为班级决策提供参考。

（5）班级议事圆桌会议

　　班级议事圆桌会议在组织形式上和小组座谈会有相似之处，但是功能有所不同。小组座谈会一般不直接做决策，而圆桌会议是可以直接做决策的。这一点与班级大会相似，但是圆桌会议比班级大会更灵活。当议题比较小或比较专业时，一部分学生参与即可。班级议事圆桌会议如图 6-12 所示。

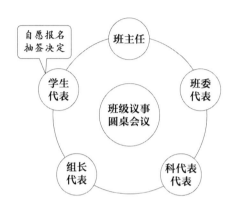

图 6-12　班级议事圆桌会议

圆桌会议强调的是地位平等，每个人在会议上的话语权是相同的，表决时也是一人一票，班主任并无特权。参加圆桌会议的有与讨论议题直接相关的班干部或科代表，也有普通学生。所有学生都可以自愿报名参加，人数多了则由抽签决定。

圆桌会议一般由班干部主持，基本流程类似于小组座谈会，但多了一个表决环节。由于参加圆桌会议的人员来源多样，足以代表班级各类学生，所以可以直接通过议案。

2. 班级会议的安排

一个学期要召开多少次班级会议并无统一规定，但因为班级会议类型多、应用广泛，而且很多会议占用的时间不长，比较灵活，所以可以根据班级实际情况，适时安排，经常开。

班主任首先要有开会的意识。班级遇到问题时，就要想一想，是不是可以安排一个会议、安排一个什么样的会议、如何组织这样的会议。

开会要有实效，不宜宣讲大道理。所以，对会议内容、流程、预期结果和后续行动都要提前思考、备课，才能发挥会议的功效。

图 6-13 是我带班时一个学期安排的会议情况，供大家参考。

图6-13　一个学期班级会议的安排示例

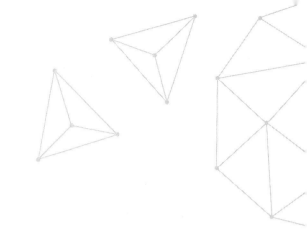

下 篇

班级的人本管理与班级文化建设

07 班级的人本管理

一、科学管理与人本管理

科学管理与人本管理主要有以下不同（见图7-1）。

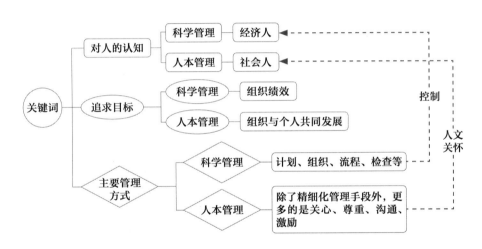

图7-1　科学管理与人本管理的对比

自从有人类以来，就存在管理问题。个体弱小的人类通过组织、分工等手段，以团队合作的方式在严酷的大自然中生存下来，并发展壮大。我们难以想象如果没有管理，远古时代那些伟大的工程是如何完成的。

进入工业社会后，企业生产规模急速扩大，机械化程度提高，人们迫切希望以高效的方式生产出更多、更好的产品，于是便出现了科学管理的思路。科学管理登峰造极的产物——生产流水线——大大提高了生产效率。利用生产流水线，人们创造了巨大的社会财富。科学管理极大地推动了社会进步。

将体系化了的（部分）科学管理方法运用于班级中，达成管理目标，就是所谓"科学管理班级"。本书上篇的大部分内容都是关于科学管理班级的。

客观地说，科学管理方法非常实用、有效。但是，迷信科学管理、迷恋科学管理带来的绩效，又是非常不妥的。科学管理的思想基础是把人看作经济人，主要手段是控制 —— 通过一系列制度、流程和经济杠杆达到控制的目的。它对绩效的重视远远超过对人本身的重视。

20世纪三四十年代，出现了人本管理的思想。与科学管理相比，人本管理最大的变化就是对"人"的定位，从经济人转向了社会人 —— 人不能孤立地存在，人有各种社会关系，人有思想，有情感，人需要被关注、被认可。以人为本，成为这种管理思想最重要的基础。

以人为本的班级管理，要求班主任更多地关心、尊重和激励学生，强调"好关系带来好管理"，通过构建和谐的师生关系帮助班级达到管理目标。人本管理并非不要绩效，只是把管理绩效作为水到渠成的结果，而不是从一开始就作为唯一的追求目标。以人为本也不是要弃用科学管理的方法，而是在管理中更多地尊重学生的权利，更重视对学生的人文关怀。本书上篇中介绍的很多方法都是科学管理与人本管理的结合。在本章中，我们正式引入"班级人本管理"的说法，并对班级人本管理的思路和方法再做一些梳理和小结。

二、班级人本管理的要点

班级人本管理主要有以下要点（见图7-2）。

图7-2　班级人本管理的要点

① 人本管理的目标是培养学生。科学管理虽然也会采取各种措施调动人的积极性，但目的是取得好的绩效（把事情做好）；而人本管理是以人本身的发展为目标的。

② 人本管理也要追求绩效，但更重视管理的过程中有没有尊重学生的权利。这是人本管理思想的一大亮点。如果管理措施有侵权的可能，那么哪怕效果再好，也不能用。换言之，人本管理不会为了追求绩效而"不择手段"，因为那样就是不正义的，

违背了以人为本的理念。

③ 学生不是管理对象，而是管理的主人。好的班级管理一定是学生充分参与的管理。学生不是被管理者，本身就是管理的主人。

④ 人本管理重视对学生的人文关怀，主张全面了解学生，在了解的基础上教育、引导学生。

三、建立在人文关怀之上的班级管理

对班级的管理应建立在人文关怀之上，主要有以下几个方面（见图7-3）。

图 7-3　对学生的人文关怀

人本管理的基础是教师对学生的人文关怀。如何将人文关怀落到实处呢？盲目的"关爱""关心"显然不行。父母肯定比班主任更关爱自己的孩子，但孩子可能照样不领情。人文关怀的前提是尊重学生的个性。班主任首先要关注（不是简单干预）学生的状况，了解并理解学生，再考虑如何引导学生健康成长。帮助学生解决困难是人文关怀最具体的表现。

1. 关注学生
人文关怀首先表现为关注学生，如图7-4所示。

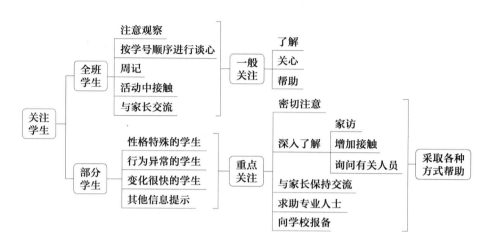

图 7-4 关注学生

如果教师根本不关心学生，就谈不上人文关怀，更谈不上以人为本了。很多教师都知道要关注学生，但真实的情况可能是只关注了一部分学生或学生的某一个方面（如学习成绩）。班主任要关注每一个学生，但是对学生的关注应隐藏起来。表面上的关注不是越多越好。班主任对某个学生关注过多，对他本人和其他人都会造成压力。关注学生不能引起学生不适。当然，可能也有一些学生根本不需要教师的关注。对他们，教师要仔细研究，分析原因。对不同类型的学生，关注的方式和程度是不一样的。教师首先要对全班学生有一个基本的关注（图 7-4 的上半部分就是面向全体学生的做法），对一部分学生则需要重点关注。

2. 了解并理解学生

班主任应尽可能全面地了解并理解学生（见图 7-5）。

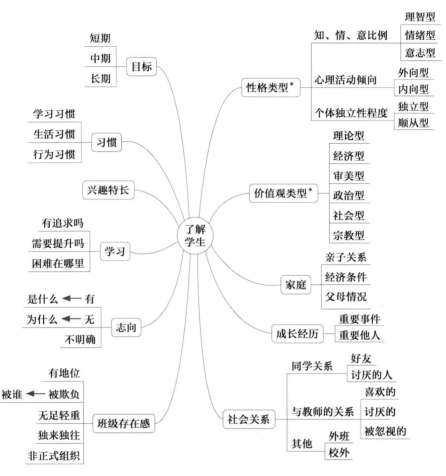

图 7-5　了解学生

*：关于性格类型和价值观类型，班主任可检索相关资料学习。

从图 7-5 中，我们可以看到人的复杂性。

关注学生，往往是出于对学生问题的重视，可以体现一名教师良好的职业素养。关注学生，能增加教师对学生的了解，有利于建立良好的师生关系，也能帮助教师找到适合学生的教育方法。

人是复杂、多面的，某个行为表现不是孤立的，与其他事、其他人，与他自身的经历有着千丝万缕的联系。教师只有全面了解学生，才能理解其行为，进而找到有效的教育途径。换句话说，如果教师无法对学生的行为做出合理的解释（比如有学生被教师称为"奇葩"时），这就说明我们对学生的了解还很不够。

只有充分了解学生，我们采取的教育策略才可能是合适的。如此，我们也就不难理解，为什么同样的教育方法，在这个学生身上有用，换了一个人，可能就完全没有用。因为每个人都不一样，教育方法自然也就应该不一样。努力探寻适合某个学生的教育方法，就叫以人为本。学生的个体差异既是教育的困难所在，也是教育的魅力所在。

四、建立在良好关系基础之上的班级管理

班主任应想方设法与学生建立良好的关系（见图7-6）。

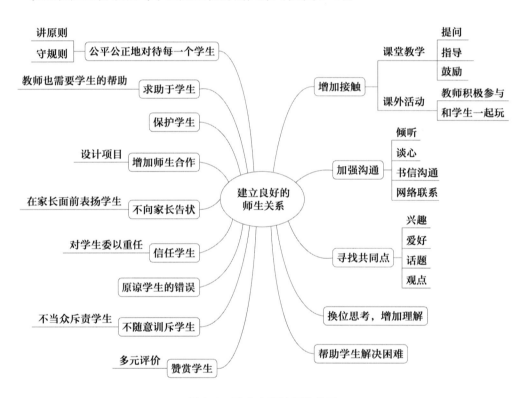

图 7-6　建立良好的师生关系

好的管理建立在良好关系的基础之上。班主任在班级中要致力于构建良好的人际关系，特别是师生关系。图7-6的一些方法可供大家参考。

五、基于尊重学生权利的班级管理

基于尊重学生权利的班级管理如图 7-7 所示。

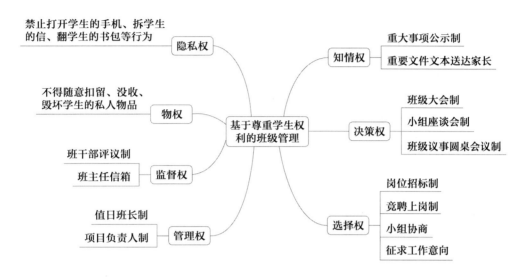

图 7-7　基于尊重学生权利的班级管理

以人为本不能停留在仅仅关心、关爱学生上,而要体现在班级管理的全程中。班级人本管理有一整套体系化了的方法,这些方法的基本出发点都是尊重学生的权利 —— 从最基本的物权、隐私权到管理权、决策权等。这些权利并不是职务赋予的,而是班级学生自然拥有的。这样,学生在班级生活中就能真真切切地感受到自己的权利被尊重、自己是班级的主人。

六、学生广泛参与的班级管理

人本管理的一个重要特征是学生的广泛参与。让学生大量参与班级事务,不仅是因为要尊重学生的权利,也是为了让学生更有责任感、工作更有主动性。这会在班级管理绩效上有所体现。

学生可以以多种方式参与班级管理。班主任在管理班级时要充分相信并充分依靠学生,这并不是出于班主任自己要减负的考虑。事实上,学生参与班级管理在某种程度上加重了班主任的负担和责任。但从培养学生的角度来看,这样的参与是十分必要的。学生参与班级工作越多,对集体的关心程度就越高,班级的凝聚力就越强,当然,学生个体的发展就会越好。

学生参与班级管理的方式很多,如图 7-8 所示。

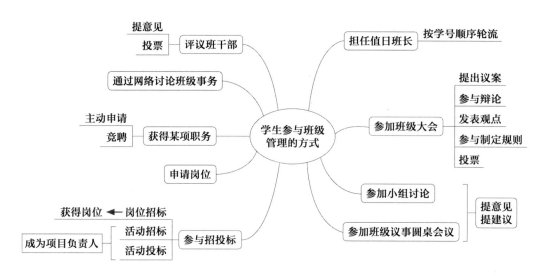

图 7-8 学生参与班级管理的方式

七、人本管理是合乎道德的管理

本书到目前为止,一直在讨论关于班级管理的各种问题。然而,如果我们在一些基本却很关键的问题上缺少思考,即使有再多、再好的管理技术,也不可能达到理想的管理效果,甚至有可能与班级管理的初衷背道而驰。这些基本问题包括管理和教育的关系是什么,班级管理的目的和意义到底是什么,如何理解人在整个管理体系中的位置,等等。

我们看到过很多"效果"很好却不正义的管理案例,也看到过一些教师为追求管理效果而不惜违背人的成长规律和教育原则。评价班级管理的优劣,不能简单地看效果。再美丽的外衣也不能掩饰管理者在教育价值观上的偏差。这种偏差可能源自班主任"良好的动机",但对教育的伤害颇大。效果至上、急功近利、目中无人,为管而管,把手段当成目的,是当下班级管理中较为严重的问题。

所谓合乎道德的班级管理,应具备以下特征(见图 7-9)。

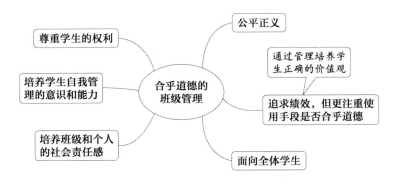

图 7-9　合乎道德的班级管理特征

管理即教育。因为学校、班级所有的工作只有一个核心（目的），那就是教育。所以，管理只是手段。管理取得的成绩（如常规指标领先、班级获得荣誉等）只是水到渠成的结果之一，而且这些成绩的取得必须以遵循教育规律和原则为基础。也就是说，它必须是"合乎道德"的。班级管理指向的目标，一个是促进班级整体健康发展，另一个是促进班级中的每一个学生健康发展，而后者可以被认为是终极目标。

1. 公平正义

班级管理应体现公平正义（见图 7-10）。

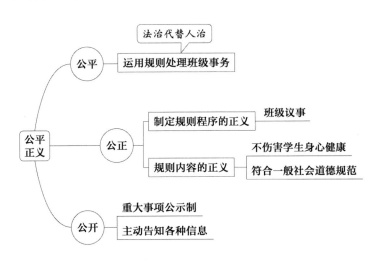

图 7-10　公平正义的班级管理

（1）公平

公平，就是不偏不倚，一碗水端平。虽然我们都知道公平的重要性，但在班级管理中真正做到公平并非易事。教师也是普通人，和全班学生的关系有亲有疏，情绪也是波动的。如果教师的管理行为不受约束，就很难保证公平。所以，班级就需要有各种制度和规则。规则不仅约束着学生，也约束着教师。教师不能由着性子想怎么做就怎么做。如果教师的行为受到规则的约束，那么不仅班级会有秩序，学生会有安全感，对教师自己也是一种很好的保护。

规则面前一律平等，如果班长和普通学生犯了同样的错误，就会受到同等程度的处罚。这就是执行规则的"火炉法则"（见图7-11）。

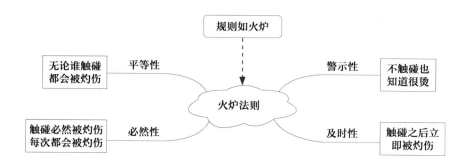

图7-11　执行规则的"火炉法则"

（2）正义

班级管理不仅要公平，更要正义。所谓正义，至少具备两个特征。

① 制定规则程序的正义。

管理规则应该采用班级议事的方式制定。班级议事有班级大会、小组座谈会、书面议事、网络议事等多种方式，总体来说，就是在遵守一定规则的前提下，保障每个学生表达自己想法的权利和机会。班级规则是在充分听取学生的意见后，总结成文，以投票表决的方式通过的管理规则。

② 规则内容的正义。

与制定规则的程序相比，规则的内容更为重要。规则应该惩恶扬善，符合一般社会道德规范，底线是不伤害学生的身心健康。比如，学生做错了题，订正一遍就可以了，订正三遍（似乎可以加深印象）也可以接受，而有的教师规定错了要订正三十遍甚至三百遍，这样做就是不正义的。

班级规则的表述至少应该包括认定标准、操作办法（有多种选择）、补充说明三个部分。但是很多班级的规则缺少认定标准，以至于不够客观。对违纪行为的处罚方式有多种选择，可以避免单一措施对学生可能造成的伤害。补充说明则是对例外情况的解读，可以使规则更加符合人性而且富有弹性，因而也更加公正。对规则的表述应该客观，理解起来应该没有歧义。操作办法应该清晰、可执行。下面以迟到的处罚规则为例。

[违纪名称] 迟到

[认定标准] 第二遍铃声结束时还没有进入教室（迟到超过 20 分钟为旷课）。

[处理办法]

① 一周内，第一次迟到……（三种选择，下同）。

② 第二次迟到……

③ 三次以上（含三次）迟到……

[补充说明]

① 每个学生一个月内有两次免于处罚的机会。

② 出于特殊原因迟到不予处罚，但需班主任认定。

注：对迟到行为的具体处罚可以和学生一起商议确定。

以上规则，其内容本身就有以人为本的意蕴，但它依然是严谨、严肃的。

公平正义是现代社会追求的理想和目标，教育要为现代社会培养优秀公民。只有坚持正义，才能引人向上、向善。合乎道德的班级管理以公平正义为第一要义。

2. 尊重每一个学生的权利

本章第 5 节"基于尊重学生权利的班级管理"，其实就是为了解决班级管理中只满足于控制局面、追求效果而漠视学生权利的问题。尊重是相互的，权利和义务是对等的。只有班主任尊重学生的权利，才能教会学生尊重别人的权利。"推己及人"的道德观在班级管理中有重要价值。

学生选择的权利包括参与的权利和不参与的权利。班主任可以因势利导，即使是为了班级荣誉或集体利益，也不应采取强硬手段令学生就范。不应该用极端手段强迫学生承认错误（但是可以依据一定的事实证据做出处置），不应该用情感或关系绑架学生的参与，不应该为了统一、划一而损伤学生的个性，等等。教师对学生真正的关注与关心，首先要建立在尊重学生的基础之上。

3. 对全体学生负责

班级是由全体学生组成的班级，班级管理要对每一个学生负责，促进所有学生发展。不能在发展一部分人的同时，使另一部分人受损甚至被放弃。如果那样，就是不道德的。

案例　38 个人的狂欢与 8 个人的落寞

学业水平测试前，某高中教师向全班学生承诺："所有在本学科测试中得到 A 的同学，都将获得我亲手绘制的'骏马图'扇面一幅。"结果，全班 46 个人有 38 个人在测试中得到了 A，这 38 个人都获得了奖励。班主任将学生得奖后欢呼的照片发到了朋友圈里。有细心的朋友发现，照片上有没得到奖励的孩子在哭泣。38 个人的狂欢和 8 个人的落寞形成了鲜明对比。

在本案例中，教师的初衷可能是想以这种方式激励学生考出好成绩。但是，教师在制定规则时，就应该考虑到得不到奖励的学生的心情。考试成绩具有偶然性，没有得到 A 的学生付出的努力不一定比得到 A 的学生少。我不是说奖励要搞平均主义，但是在公开场合大张旗鼓地发奖并拍照发朋友圈，完全不顾"少数人"的心理感受，这样的做法道德吗？

关于奖励，我认为如果全班 50 个人，有 49 个人都获得了奖励，那么这个奖励就是对那一个人的羞辱。奖励面如果过大，不仅会失去激励作用，还会令少数人更加沮丧和难堪。这样的奖励意义何在？类似的还有教师在家长会上表扬学生，全班家长都在聆听。其实，他们对教师说的具体内容倒不一定感兴趣，他们都在急切地等待教师念出自己孩子的姓名。如果教师从头表扬到尾，被点到的孩子越来越多，剩下的家长就会越来越焦虑。直到最后班主任的表扬全部结束，未被点到的孩子的家长就会很失望。

我的班级有一个口号（理念）——"让所有家长都能在教室里找到自己的孩子"。为了践行这一理念，我们会在学生承包的岗位上标注好学生的姓名。家长还能找到自己孩子的很多其他东西，如孩子自己的"名言"、作品、荣誉、颁奖词以及照片等。这样一间教室，就是由全体学生组成的教室。

"让所有家长都能在教室里找到自己的孩子"，并非简单的平均主义，而是"每个孩子都有独一无二的价值"这一理念的体现。在一个优秀教师的字典里，不应该有"奇葩学生""问题学生"等概念，优秀教师所带的班级会因学生的特质和特长而精彩纷呈。

4. 与效果相比，更注重取得效果的手段是否合乎道德

班主任当然要追求管理绩效，但这并不是管理的终极目标。相对效果而言，为取得效果所采取的手段和过程更为重要。我曾经研究过一些案例，如果仅从效果来看，确实相当不错。但是，仔细分析教师为取得期望的结果而采取的手段，却令人不寒而栗。有"离间计""苦肉计""反间计"，有"黑吃黑""以暴制暴"，可以说是十八般武艺、三十六计，无所不用。班主任把班级变成了江湖，用江湖规则代替民主管理，而班主任无疑就是这个江湖的老大。

当班主任为了取得管理效果而不断与学生"斗智斗勇"时，教育就背离了它的本义。这样的博弈，也不会有赢家。所以，我的教育信条之一就是"永远不试图制服学生"。我认为班主任和学生不是对手关系，而应该团结在一起，合作互助，为实现共同的目标而努力。当教师对学生"不设防"，不再试图利用一切手段"摆平、搞定"学生时，学生对付教师的"聪明"也就会失去作用。

师生关系如此，班主任对学生的教育、引导也是如此。我曾经听过一节班会课，班主任为了激励学生努力学习，大肆宣扬所谓的丛林法则，告诉那些初中的孩子，现在的社会和远古时代的丛林没有什么区别，都是弱肉强食。如果你今天不好好学习，明天就必定是别人的盘中餐。而这样的逻辑居然赢得了现场不少教师击节叫好、大呼励志。

在校园生活中，同学与同学之间的竞争、班级与班级之间的竞争是很正常的。因为从高考到校内考试都有排名问题，所以，一个学生还有很多看不见的"对手"。班主任如何引导学生看待竞争、采取何种方式竞争、如何面对竞争的结果，都与班主任的价值观有关。采用不当的手段获利，就是不道德的。历史上有很多相关典故，比如田忌赛马、淝水之战，等等，对这些典故虽然可以从很多角度解读，但教师无论如何都不应该向学生灌输"成功至上""为达目的可以不择手段"等不道德的观念。我对一些教师在教育中的"励志"说法、做法深表担忧。

班级管理如何能出现双赢，甚至多赢的结果，这是值得探讨的话题。但超越自己、尊重对手、合作共赢应该是探讨的基调。总之，班级管理手段必须合乎道德（见图 7-12）。

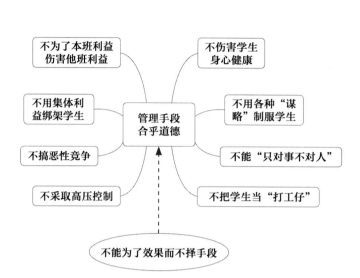

图 7-12　班级管理手段必须合乎道德

5. 学生永远是教育的终极目标而非手段

班级或学生的优秀，可以为教师带来荣誉、声望，甚至利益。但教师应该牢记：学生并非教师获得成功的手段，学生本身才是教师工作的终极目标。在《真爱假爱》这篇文章里，我对教师在工作中表现出的"爱"或"关怀"表达了自己的忧虑。我认为，教育之爱有真假之分。比如，"假爱"学生的教师"也会为学生做很多事：表扬、鼓励，甚至自己掏腰包给学生买礼物、奖品。但他心里却没有赞赏，只是想这样就可以让孩子更听话、考得更好。他们也会开展活动，为学生拍照、写日志，心里想的却是把事情做得漂亮一点儿，算计着自己的班级今年一定又是先进班集体……"。

在公开课、比赛课上把学生当道具已经是被很多人诟病的现象了，而随着自媒体的发达，很多班主任开始热衷于在朋友圈、各种群里晒班级活动图片、晒家长赞美班主任的话的截图。看着热闹的图片，你不能不说这些活动很精彩，但我依然会产生这是"道具"的感觉。这样晒，真的好吗？我曾经发过这样的感慨：难道非要全世界的人都知道你在搞活动？而搞活动就是为了晒出来吗？如果教师关注的焦点并不是学生的成长，而是把学生和家长作为扩大知名度甚至获取利益的手段，就更不道德了。

6. 帮助学生实现自我教育、自我成长

教育，是学校工作的唯一目的。而帮助学生实现自我教育，可以看成教育的终极

目标。成长，归根到底是学生自己的事，别人只能帮助，不能替代。学生终将离开校园，离开教师，离开家长，走进社会独立发展。而现在"绑着""扶着""喂着"学生做教育却很普遍。以控制、管束为目的的管理，实际上是一种强权管理，无法帮助学生从他律走向自律。人本管理充分相信学生并着力强调培养学生的自律精神。

08 班级文化体系的构建

班级文化建设是很多班主任关心的话题，大家为此投入的精力也不少。每所学校的德育工作必然包含班级文化、校园文化等内容。但是，相当多的教师、学校管理者，对班级文化含义的认识不是很清晰，缺少系统构建的思路和方法，这导致班级文化看上去华丽热闹，却多流于表面，未能体现文化在班级发展和学生成长中的重要价值。

本章将围绕班级文化建设讨论以下问题（见图 8-1）。

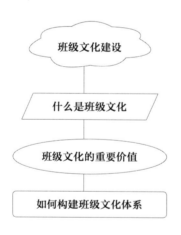

图 8-1　班级文化体系的构建

一、什么是班级文化

班级文化是"班级群体文化"的简称，是一种组织文化，是一个班级所有或大部分成员共有的信念、价值观、态度的复合体。这个复合体包括精神、物质、制度、行为等多方面，它们共同构成"班级文化体系"。

班级文化体系主要由四个子系统构成（见图 8-2）。

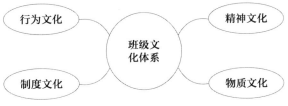

图 8-2　班级文化体系

班级文化体系的这四个子系统几乎涵盖了班主任的所有工作。甚至可以说，班主任的所有工作都是在为班级文化建设添砖加瓦（见图 8-3）。

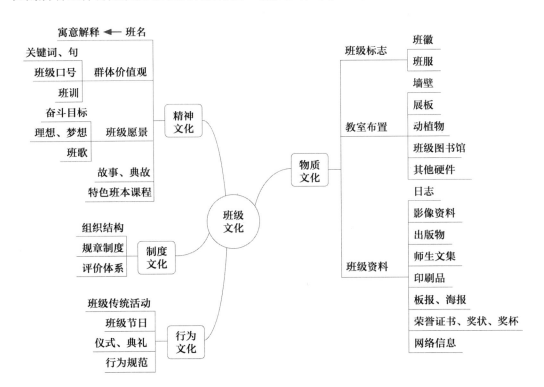

图 8-3　班级文化的主要内容

班级文化体系的四个子系统不是平行的，而是以精神文化为内核，渐次向外扩展的。也就是说，这四个子系统是一组同心圆（见图 8-4）。

按此结构分析，我们可以发现，很多学校、班级的所谓"文化"，其实都不是真正的校园文化、班级文化。因为班级一旦没有精神内核（班级精神），即使物质建设做得很好，也不能被认为是有文化的。所以，一间布置得很漂亮的教室不一定有文化，一个班名、班徽、班歌、班级口号齐全的班级不一定有文化，一个经常开展热闹活动的班级不一定有文化，一个成绩优秀、各项指标领先的班级也不一定有文化。

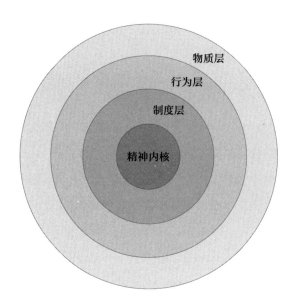

图 8-4　班级文化体系的结构

班级文化体系应该以班级精神文化为核心，按制度层、行为层、物质层，从内向外辐射开去。没有精神文化，班级文化就没有魂，即使活动做得热热闹闹、轰轰烈烈，也不能对班级发展和学生成长起到有实际意义的推动作用。而目前在班级文化建设方面，盲目模仿、东拼西凑、快速打造、缺少精神内核、不成体系等问题相当严重。

二、班级文化对班级发展和学生成长的重要价值

1. 建设班级文化的目的

前面我们已经详细分析了班级的科学管理和人本管理。无论是科学管理还是人本管理，都有个管理问题。只要有管理，就不可能离开"约束"等基本词义。而约束是与人的天性相悖的，所以，无论用哪种思路，都是管理，都不可能完美地解决现实中的很多难题。比如，学校规定学生每天穿校服到校，而有些学生就是不愿意穿。这个看上去很平常的问题，其实反映了管理中的一个深层次问题 —— 个人与组织的冲突。不仅有个性、自由与统一、纪律的冲突，也有个人成就与组织绩效的冲突，更有个人价值观与群体价值观的冲突（见图 8-5）。

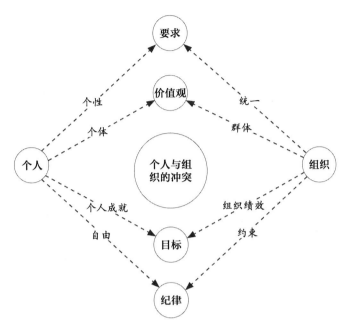

图8-5 个人（学生）与组织（学校）的冲突

建设班级文化，其实就是为了解决这些冲突。我们不妨称之为"文化管理"。文化管理代表着较先进的管理理念，它试图采用组织文化浸染的方式解决个人与组织之间的冲突。个人与组织之间的冲突，归根到底是价值观的冲突。所以，所谓"文化浸染"，主要还是指用组织的群体价值观影响个人的价值观。这是建设班级文化的根本意义。

然而，组织文化的创建是一个复杂、具有高度不确定性的工作。所以，虽然班级文化建设是热门的研究课题，但在实践中，大多只是表面热闹，能对学生产生积极而深远影响的成功的班级文化案例并不多，可以推广的就更少了。这也是本书要花费很多篇幅讨论这个问题的原因。

2. 文化管理 —— 第三层次的教育管理

如果说班级文化的核心是精神文化，那么精神文化的核心则是群体价值观。也就是说，群体价值观是班级文化核心的核心。正确的群体价值观对班级整体发展和学生个体成长有极其重要的作用。

我们不妨以"学生抄袭作业"问题的教育来论证这个观点（"抄袭作业"只是一类问题的代码，这类问题可以称为"轻微违纪"）。对学生轻微违纪问题，一般有三个

层次的处理策略 —— 解决问题、教育学生、文化浸染（见图 8-6）。

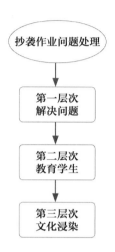

图 8-6　处理抄袭作业问题的三个层次

（1）第一层次：解决问题
学生出现诸如抄袭作业等轻微违纪问题，班主任解决问题的方式大致如图 8-7 所示。

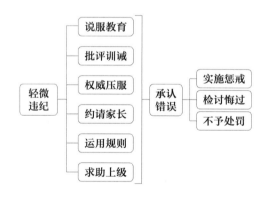

图 8-7　学生轻微违纪问题的主要解决方式

除了特殊情况，上述几种方式基本可以解决学生的轻微违纪问题。但是这些方式只是在"解决问题"，而且是在面上解决，以学生认识到错误或接受惩戒为结果，难以触及学生的心灵，故而效果有限。于是，大错不犯小错不断、屡教不改成为教育的常态。其实，严格地说，这些方式中的教育成分不多，"屡教不改"的说法不如"屡管不改"恰当。

（2）第二层次：教育学生

如果班主任不仅仅是为了解决问题，把学生"摆平、搞定"，还利用机会对学生进行教育，这样的做法较之于第一层次就更深入了一步。出于教育目的，教师首先就会探究学生违纪的原因，然后采取得当的措施帮助学生。学生抄袭作业，要么是因为不会做，要么是因为不想做，也许还有其他因素。教师应该明白，一百个学生抄袭作业，可能就有一百种不同的原因，既有学生的原因，又有教师的原因，可能还有其他原因（见图8-8）。

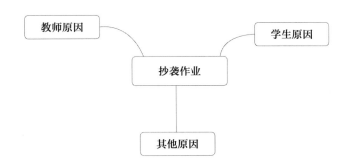

图 8-8 抄袭作业原因大致分析

沿此思路分析下去，可将原因一一列出，深入了解学生的情况，同时反思自己的教学工作，据此可以甄别、排除、找出学生抄袭作业的真正原因（见图8-9）。

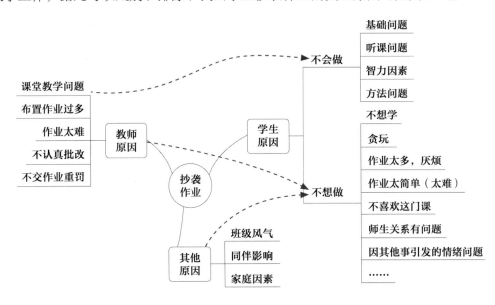

图 8-9 抄袭作业原因详细分析

这样找到原因后，就可以制定具体的教育方案。教育也要讲求"辨证施治""对症下药""同病异治"，不能"头痛医头，脚痛医脚"。从图 8-9 中可以看出，学生抄袭作业，在很大程度上与教师的教学有关。特别是学生不想做作业，和教师的教学理念、教学方式直接相关。虽然从小学开始，从来没有哪一位教师默许学生抄袭作业，但随着学生年龄的增长，抄袭问题往往越来越普遍、越来越严重。这足以引起教师的深思（见图 8-10）。

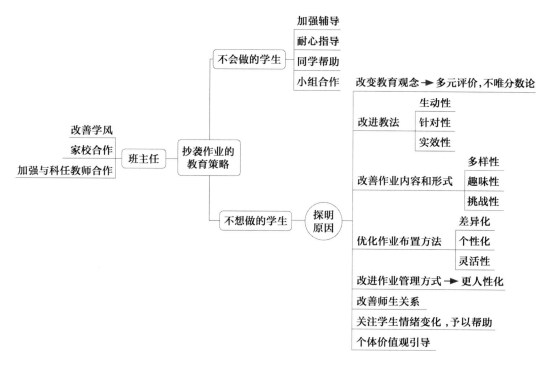

图 8-10 抄袭作业的教育策略

虽然教育学生的方法很多，但概括起来也就八个字：晓之以理，动之以情。

晓之以理，可以是一对一的面谈、笔谈，在与学生沟通交流中，让学生逐渐明白事理；也可以是面向全体学生，采用议事的方法，把问题摆在台面上讨论、辩论，让学生在教师的引导下对行为、事件的是非曲直达成共识。

人是有情感的，教育学生不仅需要用理性的方法让其明白道理，更要与学生产生心灵的共振。所以，良好的师生关系在教育中发挥着重要作用。

优秀的班主任会不断变换教育学生的方法，根据不同的情境，针对不同的学生，

利用不同的资源，交替使用常规做法与非常规做法，尽显教育智慧。擅长记录的教师会写出一篇篇精彩的教育叙事，甚至结集出版，著书立说，成为名班主任。

（3）第三层次：文化浸染

在现实生活中，我们不难发现，即使采取了各种措施（这些措施都很有力度，甚至充满智慧），学生抄袭作业等轻微违纪问题依然普遍存在。即便学生与教师关系甚好，不愿意犯错误伤害师生感情（由于师生关系改善，学生有时会出于义气而避免犯错，教师会将其当作教育"效果"）；即便在表面上遏制了抄袭作业的现象，但根本问题不解决，抄袭作业现象也还是会继续存在，最多变得更加隐蔽，从地上转入地下。"上有政策，下有对策"成为学生对付教师各种教育的常规思维。

对抄袭作业问题，不同的学生有不同的想法，不同的想法会产生不同的行为（见图 8–11）。以往对学生教育问题的研究更多地侧重于教师如何改进方法、提升自己的育人能力，而较少从学生的角度入手。其实，学生是自己行为的主人，学生的行为是内因，教师的教育、帮助只是外因。学生自己的想法不改变，教师再有智慧、方法再精彩，其效果也是有限的。

图 8–11　关于抄袭作业，学生的不同看法导致的不同结果

从学生的角度来看，只要有人觉得抄袭作业值得，他就会想出各种方法去抄袭。这就是价值观问题。一个人认为"抄袭作业没有价值"是个人价值观问题，大家都认为"抄袭作业没有价值"是群体价值观问题。如果班级形成了不抄袭作业的风气，大家都鄙视抄袭作业的行为，抄袭作业问题就会自然得到解决。

所以，除了教师改进课堂教学和作业布置方式外，解决学生抄袭作业问题的根本方法就是让学生确立正确的价值观 —— 觉得抄袭作业毫无意义、毫无价值。人不会去做他认为没有价值的事。

从价值观的角度寻求解决方案，就是班级文化层面的问题。班风是文化现象。不抄袭作业是班级行为文化，其根源则是观念文化。类似这样的良好风气还有很多。班风可以形成强大气场，影响身处其中的每一个人。有关理论指出，文化有导向、约束、凝聚、辐射四大功能。文化对人行为的导向和约束作用远超规章制度。

聚焦解决抄袭作业问题的各种方法，我们最终找到了问题的关键。事情从复杂又变回简单，因为我们似乎发现了教育之道 —— 文化浸染。文化是推动学校和班级持续发展的真正动力。

培养学生高尚的人性，从根本上解决问题，这才是班级文化的真正价值。

三、班级文化建设的关键因素

建设班级文化的意义绝不是做出表面上的成果供人参观、欣赏、验收，凌乱、随意的班级文化活动虽然看上去热热闹闹，对学生的成长也不能说没有帮助，但如果不围绕精神文化这个核心，就会迷失方向或选择错误的方向，甚至演变成一出出"文化秀"。班级文化没有精神内核，就好比人没有灵魂。文化不能形成体系，就不可能全方位影响学生的成长，提升学生的综合素养，对优秀班集体的建设起到实质性的推动作用。

1. 班级文化建设最关键的是群体价值观的形成

班级群体价值观是关于学生、关于班级事务的主流的观点、是非标准、价值判断以及由此形成的行为准则。比如，抄袭作业对不对、能不能抄袭作业、抄袭作业有价值吗、对待作业正确的做法是什么，等等。只要群体价值观正确（班风正），班级发展就会走正道。

既然班级文化可以从根本上解决问题，那么大家都去搞班级文化建设，树立良好的班风不就行了？而事实却是大量班级并未形成自己的精神文化。为什么？因为精神文化中的群体价值观是文化建设中最重要也是最困难的 —— 它既不可能自发生成，也不可能"打造"，它需要在长期的班级生活中，在班主任的悉心引导下，由全班师生共同努力而逐渐形成。

影响一个班级群体价值观形成的因素是多种多样的（见图 8–12）。

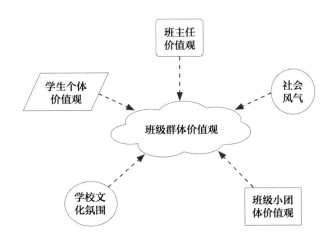

图 8-12　影响班级群体价值观形成的主要因素

①　每个人都有自己的价值观。研究表明，人成长到 17 岁时，心智基本发育成熟，会形成较稳定的价值观（这也说明了小学、初中阶段对学生进行价值观教育的重要性）。心理学家斯普朗格把人的价值观分成 6 种类型：理论型、经济型、审美型、社会型、政治型、宗教型。当然，绝大多数人的价值观是几种价值观类型的混合体。在一个班级里往往可以找到这些持不同类型价值观的学生（见图 8-13）。

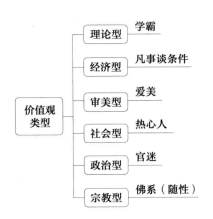

图 8-13　不同类型价值观的学生

了解学生的价值观类型非常重要。它至少可以让班主任理解学生的行为，知道应用不同的方法教育、激励不同的学生。当然，在诸如任用学生干部等问题上，它也有相当的参考价值。比如，班干部不仅要求表现好或者在某些方面有特长，至少还要有点儿社会型人格，因为班干部的工作很多是公益性、服务性的，自私、自我的人很难成为优秀的班干部，而政治型的人又热衷于权力和控制，不受学生欢迎。

每个人的价值观不同。对同一个问题，人们用自己的价值观去解读，就会有不同的想法。比如，有人认为抄袭作业是可耻的，而有人则觉得无所谓。价值观影响着人的行为，如果某个学生觉得抄袭作业可以获得一些利益，那么他就会抄袭作业。反之，他则会远离抄袭。班主任想在班级里形成不抄袭作业的班风，即使做很多教育活动，出台作业管理的制度，开班会讨论抄袭作业问题，组织学生进行"捍卫学术诚信，远离抄袭作弊"宣誓，并且在印有"远离抄袭"等字样的横幅上集体签名（这是很多班级活动的"保留节目"），不同的学生对抄袭作业也仍然会有不同看法。

群体价值观是绝大多数学生都认同的观念。然而，要把个性迥异的学生拧成一股绳，谈何容易！

②班级里普遍存在因共同的兴趣、爱好等形成的若干小团体（非正式组织）和一些能量较大的"领军人物"。每一个小团体都有自己认可的价值观，"领军人物"往往有一定的才能或特质，他们不一定是班干部，却在同学中有一定的威信和号召力。当这些学生的价值观与班级试图倡导的主流价值观有冲突时，群体价值观的形成将会遭遇很大阻力。

③班级文化（小环境）不能孤立于学校文化（中环境）和社会文化（大环境）而存在，而目前我们所处的中环境、大环境并不理想，班级文化难以"独善其身"。比如，班主任想在自己的班级里教育学生诚信考试，远离作弊，但是学校只重视学生的考试分数，对考风问题并未重视。这样的群体价值观在作弊成风的环境中就很难形成。

尽管环境对班级文化有影响，甚至会让班级文化建设遭遇种种困难，但是班级文化对个体价值观、班级小团体价值观、学校的文化氛围也有积极影响。所以，我们仍希望班主任为此付出大量努力。所有努力都是值得的，因为一旦班级形成了自己的文化，不仅可以从根本上解决很多具体问题，而且班级也将获得强大的前进动力，对学生的成长起到积极作用（见图8-14）。

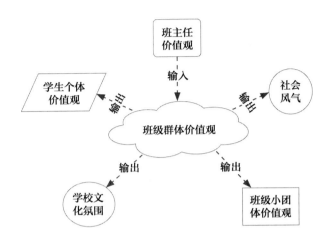

图 8-14 班级群体价值观对环境和学生个体的积极影响

2. 班主任是引导班级群体价值观形成的关键人物

班主任对班级群体价值观有重要影响（见图 8-15）。

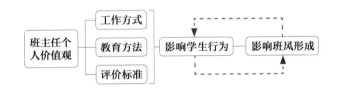

图 8-15 班主任对班级文化的影响

从图 8-15 中可以看出，在班级文化建设中，班主任的作用至关重要。班主任是班级真正的领导者，他有权力管理班级，组织开展各种活动，利用各种资源教育学生。班主任是唯一可能将几十个孩子凝聚起来的"关键先生"。班主任的价值观会直接影响学生的行为。比如，关于考试作弊，如果班主任只是追求考试成绩，每次都以分数评价学生而忽视分数是怎么来的，某学生因为作弊取得高分而获得表彰，而一些学生因为诚信考试分数不高而被批评，这样就会在无形中纵容作弊行为（因为作弊可以获得利益）。正确的做法是在集体场合下强调分数，不轻易用分数评判学生，大力表扬那些诚信考试的学生，利用评价让诚信考试的学生在班级里拥有很高的地位，成为大家学习的榜样。这才是树立优良考风的良策。

所以，很多班级出现问题，追根溯源，往往是班主任的价值观出了问题。

我的主张是"要想让班级有文化，班主任自己首先要有文化"。这个"文化"，并不单纯指学科教学能力和水平，更多的是指理解教育本质，坚持正确的教育观念和原则，具备科学的教育方法、技术和一定的领导力，以及高度的敬业精神（我们不妨将这些元素的融合称为"班主任的核心素养"）。其中，坚持教育的公平公正，在班级里时刻主张正义是最为重要的。只有坚持正义，才可能引人向上、向善。卢梭曾经说过："教育错了的儿童比未受教育的儿童离智慧更远。"

　　班主任除了以人格和自身价值观对学生产生影响之外，还可以把正确的教育理念以具体的工作和活动落实到班级文化建设过程中。鉴于班级文化对班级发展重要的影响力和推动力，班主任要把班级文化建设作为最重要的工作来对待。

四、班级文化建设的过程

　　班级文化建设不能零敲碎打，也不能想到什么就做什么，或者看到其他班级做得好就去模仿。班主任要有大局观，确立班级精神文化的核心，围绕核心建立机制，沿物质文化、制度文化、行为文化三条线索，从内向外辐射，逐步建设，历经创建、认同、形成、普遍化四个阶段，逐渐形成体系。实际上，这四个阶段之间并无明显的界限，通常都是前后交叠在一起，逐渐过渡的（见图8-16）。

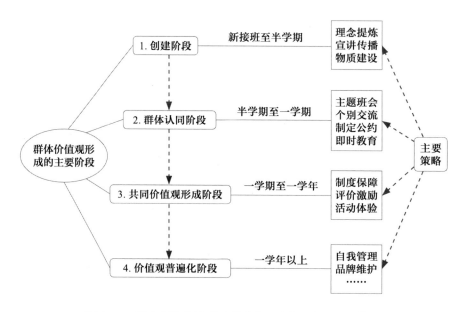

图8-16　班级群体价值观形成的主要阶段及主要教育策略

在文化发展的不同阶段，班级的行动重心也有所区别。图 8-16 中提示的策略只是参考，不能机械套用。很多教育策略可以同时或交替使用。图 8-16 中提供的各阶段的时间也是大致的，只是为了说明班级文化，特别是班级群体价值观的形成，不可能一蹴而就，需要时间的积淀。从班级组建开始，直至班级解散，班级文化建设贯穿始终。

1. 创建阶段

班级文化创建阶段始于班级新建，到班级稳定运转一段时间为止，大约半学期时间。这是一个从发散到收敛再到发散的过程，该阶段的工作以班主任为龙头，但是班主任也需要发动学生和家长积极参与。

（1）师生合作，确立班级文化的核心

班主任首先要认真研究班级、研究学生，给班级准确定位，提出班级发展愿景。可以向学生（以及家长）广泛征集（班主任也可从学生的方案中了解到学生的认知水平和思想状况）体现班级核心价值观的关键词，在经过充分研讨、整合之后，最终确定。其中班主任的引领作用十分关键，因为班主任具备一定的专业素养和经验，所站的高度足以俯视全班，能从专业视角给班级定位并能预见班级的发展趋势。班主任经过观察，知道自己的班级需要什么、自己的学生缺少什么、需要在哪些地方锻炼提升。这种高度，是学生和家长所达不到的。另外，学校的传统和校园文化氛围、当地的历史文化特色等资源可以作为确立班级文化核心的重要参考。主要情况如图 8-17 所示。

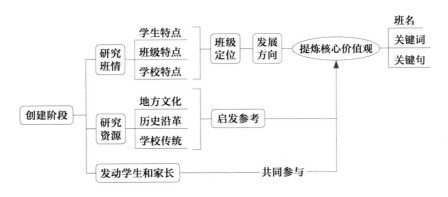

图 8-17　班级文化核心的确立

这是一个从发散到收敛的过程，因为班级文化核心要非常精练地呈现，一般以关

键词、关键句呈现。班名不是随便起的，它是班级文化最浓缩的呈现。确定班名不可随意。班名既要符合班级的特点，也要和以后的班级文化建设相匹配，或者说以后大量的班级文化建设活动都会围绕班名进行，这些活动反过来又可以很好地解释班名。

针对不同的班级，我使用过不同的班级发展关键词，并由这些关键词开启了班级文化的建设之旅。这样的班级文化就是有个性的，也贴近学生的实际情况。比如，在一个差乱班里，为了帮助学生走出泥潭，在对学生的心态仔细把脉后，我提出了以"赢得尊严"为核心的班级文化建设主线；在一个由中等生组成的班级里，结合我校的传统（陶行知先生是我工作学校的创办者并亲任校长六年），我们将班级取名为"行知班"，建设"知行合一"的班级文化体系；在一个生源相对较好的班级里，为了让学生获得更健康、更全面的发展，我们提炼了"公德、责任、合作、友善"八个字的班级核心价值观，以及"立志、修身、精进、坚毅"八个字的学生个人成长关键词。

虽然每个班级表述其核心价值观的词语并不相同，但都离不开"遵循教育规律，促进学生成长"这一共同的主旋律。构建班级文化的意义就在于此。个性离不开共性。

核心价值观的确立，可以明确班级在学习、活动、生活、交往中大是大非问题的主流观点，为班级健康发展指明方向。

（2）将班级文化建设主题广为传播

确立了核心价值观后，就要广为宣传，做到家喻户晓，大家耳熟能详。宣传到位，是认同的开始。核心价值观的传播方式分为正式传播和非正式传播两种。两种方式都是必要的。情况大致如图 8–18 所示。

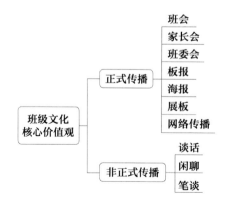

图 8–18 班级文化核心价值观的传播方式

（3）将核心价值观全方位物化

核心价值观、班级愿景等精神层面的东西必须以物化的方式具体呈现，否则难以给人留下深刻印象。班名、班徽、班服、班级口号等的设计、征集活动都要围绕班级精神内核开展。在发起全班性的征集、评选活动前，班主任要反复强调主题，否则学生的行为就会漫无目标。有些班级的班名、班徽和班级口号各不相干，也未围绕班级精神内核而设计，给人的感觉是想到哪儿做到哪儿，很凌乱。

物质文化建设的关键词：主题。

教室布置不要追求漂亮多彩，而要突出主题。没有主题就谈不上文化。主题就是一个班级要倡导的群体价值观，也就是精神内核。教室里的每一幅画、每一幅字、每一株植物，都要有用意，都要有寓意，可以解释班级精神。它们给人的感觉是一个整体的有机组成部分，它们互为印证，互相衬托，通过长期浸染，使班级文化内核逐步深入人心。

班级的物质文化建设如图 8-19 所示。

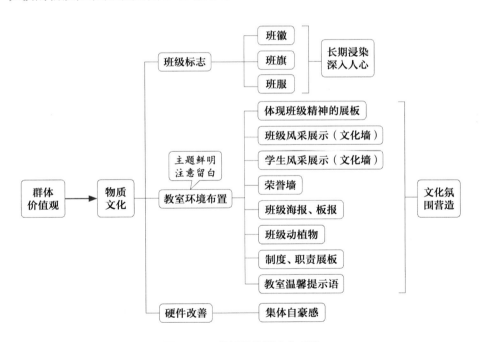

图 8-19　班级的物质文化建设

案例 "行知班"的物质文化建设

著名教育家陶行知先生是我所在学校的老校长。2010年新接班时，我们班取名为"行知班"，班级文化建设核心为"知行合一"，这与学校的文化渊源是一脉相承的。因此班级文化有了"根"。"行知班"的物质文化建设如图8-20所示。

这样的物质文化建设思路就很清晰，给学生的印象也很深刻，以至于毕业几年后，学生依然骄傲地称自己来自"行知班"。

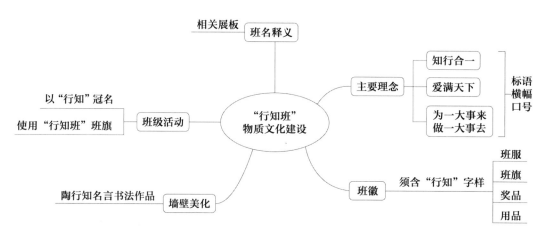

图 8-20 "行知班"物质文化建设

（4）寻找班级的品牌建设方向

班级核心价值观只是指出了班级总体发展方向，尽管有很多物化的手段可以呈现，但毕竟还是有些空泛。班级必须将核心价值观转化为一些具体的、可以让学生真实感知的行为、活动，并以此来影响学生的个体价值观。这才是建设班级文化最重要的意义。

建班伊始，班主任就要结合班级文化的核心思考未来可以培养学生怎样的品行、可以创建怎样的班级文化品牌。比如，知行合一，用什么活动可以诠释，从而让学生在真实的班级生活中，不仅能记住知行合一的理念，还能体验到知行合一的重要性，甚至让知行合一成为终生的行为准则之一。

一个班级不可能十全十美，但一定有自己的优势。班级好风尚可以体现在很多方面，会形成不同的文化品牌，这是一个再发散的过程。一个有战略眼光的班主任从接班开始，就会想到班级的未来，并且会在接下来的行动中，逐步实现最初的设想。

2. 群体认同阶段

如果班级文化建设从一开始就让学生充分参与（这是非常必要的），核心价值观是大家共同提出来的，那么核心价值观的群体认同阶段就会和创建阶段融合在一起，这样可以大大缩短认同的过程。

当然，从提出到被大多数人认同，还是需要做很多工作的，也需要一定的时间。这段时间也是学生初步适应班级文化氛围的时间（他们自己也在创设班级文化氛围）。短则一个月，长则半学期，一个班级的班风就可以基本形成。新班组建前两个月，是班级管理和班级文化建设最重要的时期。智慧的班主任一定会及早布局，积极开展工作，迅速创设新局面。此时工作效果会非常好。而不够专业的班主任会觉得这段时间班级比较平稳，事情不多（因为新班会有一个"蜜月期"，新生刚入校，还有些收敛，新鲜感还没过），故而麻痹大意。等班级问题越暴露越多，甚至形成一些坏风气后再去抓，难度就大了。我见过很多班级，新班组建半学期（以期中考试为限）就垮掉了，无论是行为表现还是考试成绩（期中考试是新班经历的第一次大型考试），都非常糟糕，和优秀班级已经形成巨大落差。此时再想挽回局面，就是非常困难的事。

如图 8–16 所示，核心价值观的群体认同阶段，班主任的主要工作有以下四个。

（1）利用主题班会课进行集体教育

比如，2014 年，我接手高一班级，经过反复研究、思考，班级确定了"公德、责任、合作、友善"的核心价值观。在一个学期内分别以这四个关键词为主题，召开了6 节班会课，形成了一个小系列，强化了这些价值观的教育。

（2）通过个别交流进行个体教育

对出现比较典型问题的学生要及时进行面谈，开展个体教育。

（3）发动全班制定班级公约

制定班级公约的最佳时间不是刚开学时，而是开学后一个月左右。此时班级已经运转了一段时间，学生已经基本熟悉新班级的生活，对班级状况也有了一定的判断，此时制定班级公约会更有真情实感。

班级公约是大家约定的，所以必须让每个学生都参与。可以在全班发起"我为班级拟公约"的活动，让每个学生都为班级拟一份公约。班级公约要充分接纳学生的意见。

　　制定班级公约，虽然学生是主体，但班主任必须起主导作用。学生拟公约之前，班主任一定要做指导。比如，围绕主题（核心价值观）、公约和规章制度的区别进行指导，等等。如果不做指导，学生自己拟的班级公约往往非常散，没有层次。

　　即使做了指导，学生交上来的班级公约内容也是五花八门的。它的可贵之处就是每个学生都就班级发展问题做了思考。为了保护大家参与的积极性，鼓励学生认真对待这个任务，班级要承诺，每个学生拟的公约，定稿时至少要入选一条，多则不限。为此，班主任和班委会要专门研究，对大家的意见进行整合，特别留意其中符合班级核心价值观的内容。有班主任会担心：这样做会不会导致班级公约很冗长？不会，因为学生拟的内容有很多是重复的，可以合并。重合得最多的，就是大家普遍关心的问题。

　　初定内容后，召开全班大会，逐条通过。最后对班级公约进行文字上的润色，力求生动、符合本班学生的特点。如果形式上有创新，就更好。（见图 8-21）

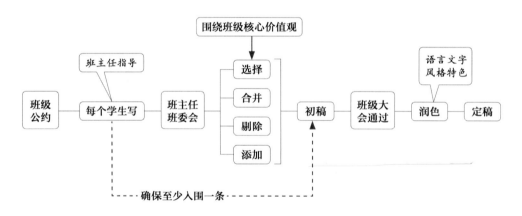

图 8-21　班级公约的确定过程

　　为什么把制定班级公约的过程归入核心价值观的群体认同过程呢？关键原因就是班级公约的内容来自学生（班主任会做一些引导）。学生自己拟定的，自己必然是认同的。

　　班级公约是班级制度文化最重要的一部分，是对班级核心价值观最好的解释。一个有文化的班级公约一定有自己班级的个性，同时也符合本班学生的特点。它不可能照抄其他班级的公约，它是这个班级特有的文化产物（见图 8-22）。

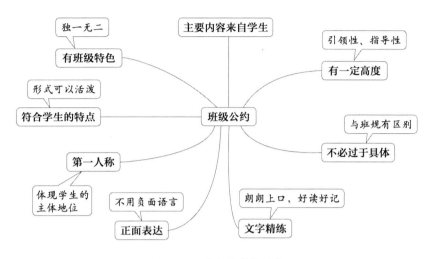

图 8-22　班级公约的特点

（4）即时教育，力争让班级核心价值观获得群体认同，促成班级观念文化的形成

班级文化有"软""硬"之分。物质文化属于硬文化。硬文化是显性的，比较容易"打造"，而观念文化（价值观）、行为文化等软文化是隐性的，不能"打造"。如果学生不能理解班级核心价值观和他们的现实生活有什么关联、起什么作用，班级的软文化就无法形成。

班级每天发生的事情、出现的问题，为班主任的教育工作提供了丰富的素材。班主任要有敏锐的嗅觉和善于发现的眼睛，善于利用学生身边的案例进行教育。教育不能就事论事、蜻蜓点水，应该"高起点，低落点"，仔细分析案例中隐含的价值判断、行为动机，进而上升到学生素养培养的层面。点评有导向功能。通过理性分析和价值观引导，可以让学生明白在班级里什么值得做、什么不值得做，什么是对的、什么是错的，向别人学习什么、要远离什么，什么应该努力追求、什么应该学会放弃，等等。

3. 共同价值观形成阶段

即使学生认同班级核心价值观，也不代表这些价值观可以自动转化为学生的行动。在学生对班级核心价值观认同（至少不抵触）后，班级文化建设将进入"攻坚战"——群体价值观形成期。这是把班级倡导的核心价值观真实转变为学生自己的价值观的过程。受固有习惯、周边环境等因素影响，学生在行为上必然会出现反复，所以这一过程不可能一帆风顺。除了继续坚持集体教育和个体教育外，还需要有制度保障，并通过活动予以强化。

（1）班级制度文化的建设

班级制度不仅是班级文化建设的保障，本身也是班级文化的重要组成部分 —— 制度文化。在班级文化建设中，不能仅利用制度的强制约束性功能（比如对违反规定的学生严加惩处），还要用制度来引导学生的行为，影响学生的价值观，发挥文化管理的作用。

所以，有了制度不等于就有了制度文化，关键还要看是什么样的制度、怎么制定制度、怎么使用制度，以及制度在班级生活中的意义。所谓班级"制度文化"，按我的理解，是指有核心理念支撑、师生共同制定并完善、有班级特色、对学生的行为能产生正向影响的制度体系。

建设班级制度文化，需要班主任用正确的教育观念指导制度的制定、执行和教育工作，也需要有一定时间的积累。班级制度文化的形成有一定标志（见图 8-23）。要想达到图中的这些要求，就需要全班学生在班主任的引导下付出长期努力。

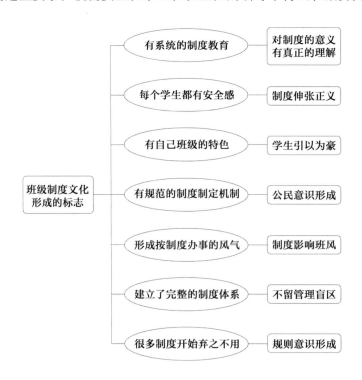

图 8-23　班级制度文化形成的标志

① 从简单执行规则到有系统的规则教育。

规则教育（见图8-24）被很多班主任忽视了，班级的规则更多是用于约束学生、惩戒学生的违规行为。这种忽视反映了一些班主任育人观念的淡漠。他们制定并执行班级规则只是为了班级秩序的稳定，课好上，学生好管。如果只是执行规则而不进行相关的教育，班级就不是育人的地方。当然，没有规则教育，也就不可能有制度文化。

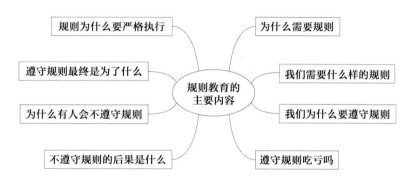

图8-24 规则教育的主要内容

班级应该有专门的规则教育班会课，平时也要随时进行规则教育。规则教育的目标是让学生理解规则的重要性，并培养学生的规则意识。规则意识是人的基本素质。有规则意识的人不是为了避免处罚而遵守规则，而是认为遵守规则是对自己、对他人、对社会有益的事，所以会主动遵守规则，不会感觉到遵守规则是很难受的事。有规则意识的人道德水准比较高，是优秀的公民。当然，这里有个前提，就是规则必须是公平、正义的。

关于制度（规则）的教育是班级基本也是重要的教育工作之一。从制度的制定到执行，每一个环节都应该有教育，也都需要教育（见图8-25）。

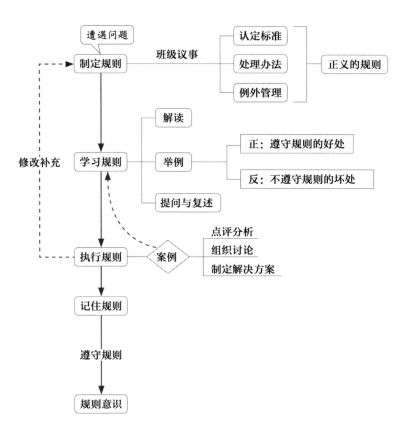

图 8-25　规则教育的过程

　　规则教育的过程和学科教学的过程颇有相似之处，二者都有课堂教学的过程，也有课外练习的过程。班级总是因为有具体的管理需要而制定规则，有了规则之后一定要组织学生学习规则，这种学习也需要类似课堂教学的手段。通过学习，学生可以明白为什么需要规则以及遵守规则的意义。如果班级出现问题，要运用到规则，这就相当于课外练习。通过练习可以加深学生对规则的理解。所以，一定要把班级中出现的案例作为素材来教育学生，而不是处罚或奖励完了就结束了。这种学习和练习是不断循环的，规则教育的目的是帮助学生成为有规则意识的人。图 8-26 的各个环节都指向培养学生的规则意识。

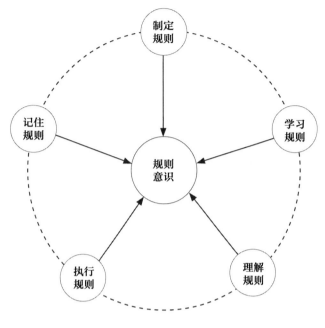

图 8-26　规则意识的培养

② 从零散的制度到形成完整的制度体系。

班级应慢慢形成完整的制度体系（见图 8-27）。

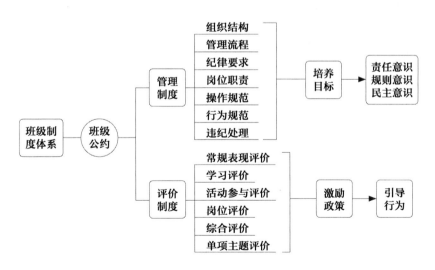

图 8-27　班级制度体系

管理的需求产生了各种制度。一项制度往往只能解决某一类（或某一方面）的问题。随着班级的发展，制度逐步积累，互相关联，慢慢形成体系。这个体系比较完整，可以应对各种问题。如果班级出现了新问题，就可以随时补充制定，因为班级已经有规范的制度制定程序。

班级制度体系以班级公约为龙头，包含"管理制度"和"评价制度"两个子系统。每一项班级制度均规定并指导着一类班级事务的处理方式。班级公约相当于班级的宪法，是战略性、纲领性的文件，对班级风气有导向作用，它注重精神的引领。班级具体的规章制度不能违背班级公约的精神。班级管理制度在本书前面的章节中已做过详细讨论，班级评价制度随后单列一节。我们仍然要强调，班级制度最重要的就是它的教育价值。比如，班级各项管理制度，是为了培养学生的规则意识、责任意识和民主意识（制度的制定制度）。而评价制度则可以引导学生的行为，甚至影响学生的个人价值观。

所有的制度都有一个共同的核心，那就是维护公平正义。这一点我们在本书第 7 章中已经做过详细的讨论，故不再赘述。班级制度的公平正义是最为重要的。只有公平正义的制度才会给学生带来安全感，才有可能引人向上、向善。这个核心可以使班级的各种制度、规则"形散而神不散"，也可以为班级制度向制度文化发展打下坚实基础。

③ 制定制度的方式 —— 从教师自定到全员参与。

班级制度的制定方式及由来比较多样，如图 8-28 所示。

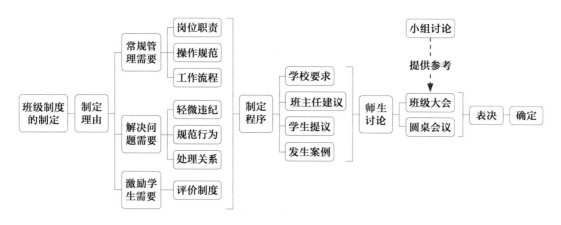

图 8-28　班级制度的由来与制定

班级制度不是凭空从天上掉下来的。它一定来自实际的管理需要。比如，班级出现了问题或案例，如果没有相应的制度去解决，就要考虑制定制度了。班级制度不仅有约束学生行为的作用，更有激励学生的作用。例如，班级的评价制度就可以很好地调节学生的行为。制度的制定需要学生参与，班级应该有专设的"立法机构"（参见本书第 2 章）。应通过议事的方式确定班规，表决通过班规，全班学生签名承诺遵守班规。整个过程要体现尊重学生权利的民主管理作风。

当一个班级的制度具备以上特征时，我们才可以说这个班级有了制度文化。所以，制度文化的建设绝不简单，它是一个系统工程。制度文化的建设意义重大，没有制度文化的班级文化是不完整的，而且没有一定的制度，就无法保障班级秩序和班级文化建设的顺利进行。

④ 从千篇一律到凸显个性。

班级制度的个性化是制度文化的重要标志。每个班级都是不一样的。图 8-27 描述的班级制度体系具有普适性，各种类型的班级基本通用。但一个班级到底需要哪些制度、这些制度如何表达，却是有个性的。如何让自己班级的制度独一无二、不可替代，而且符合自己班级的特点，这的确是班级文化建设工作中需要认真思考的问题（见图 8-29）。

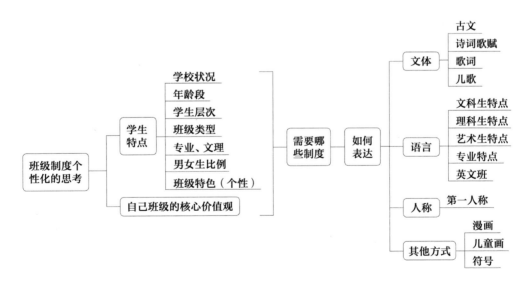

图 8-29　班级制度个性化的思考

⑤ 从完整的制度体系到制度的逐渐消亡。

制度文化形成的一个重要标志是制度在不断消亡。班级制度并非越多越好，制度本身也在进化 —— 低端要求的制度不断被淘汰，代之以更高追求的制度。当制度要求的内容变成学生的规则意识时，制度就不需要存在了。制度的消亡和规则意识的形成是同步的。形式上的制度消失，规则意识深深根植于学生内心，反映在学生的行为举止上，这才能彰显文化管理的重要意义。

（2）建立符合班级核心价值观的多元评价体系

评价制度属于班级制度体系的一个分支。由于在班级文化形成过程中，评价发挥着重要作用，故本书单列出来讨论。

评价就像指挥棒一样，引导、调节着学生的行为。建立班级评价体系必须立足于班级核心价值观，基本原则是，凡是符合班级核心价值观的行为将获得好评，反之将获得差评。评价要达到让班级里品行端正、有正义感、乐于奉献的学生获得认可和鼓励的效果。评价倡导什么样的价值观，就会引导学生采取什么样的行为。

有了评价原则，再根据原则设计项目。项目要分类、多元化，评价周期不宜过长，这样就可以为学生提供更多机会。有了项目就要制定评选规则，让评价制度化。评选中要发扬民主，让学生成为评价的主人，坚持公平、公正、公开，才能最大限度地发挥评价的导向功能。

① 班级多元评价体系的特点。

班级文化是多元的，应该有多元评价与之相匹配。每个学生都有特质，多元评价体系鼓励学生的个性发展，为学生成长提供良好的生态环境和肥沃土壤。

班级多元评价体系的特点如图 8-30 所示。

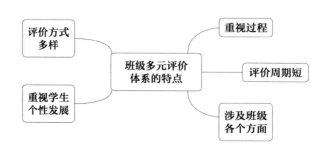

图 8-30 班级多元评价体系的特点

具体有以下几点。

第一，重视过程性评价。

企业的评价多关注绩效，而班级对学生的评价一定要重视过程。成长是一个过程，努力的过程比最终的结果更重要，不能只以成败论英雄。比如，我所带班级的学习评价中有一个"学习积分排行榜"，在《班主任工作十讲》中我对此有过详细介绍。它不是以一次考试的成绩来评价学生的学习状况，而是综合学生平时的学习表现、进步奖励等多项指标折算得出一个积分。积分是变动的，每半学期更新一次。这种评价就是重过程的。

图 8-31 是我所带过的一个班级的学习评价体系。

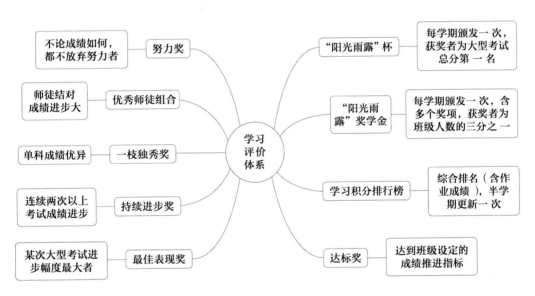

图 8-31　学习评价体系

第二，重视阶段性评价。

学校官方评价的周期一般以学期为单位，周期过长，不利于及时调动学生的积极性。校园生活有很强的阶段性、周期性，学生的表现是起起伏伏的。如果有灵活的评价机制，就可以对学生阶段性的表现做出灵敏的反应，就可以及时强化学生的良好行为，激励学生不断进步，减少学生反复和退步的可能性。比如，班主任对学生的评价可以是即时的，班级正式评价可以短到一天一评。例如，我所带班级的值日班长每天的早点评，对前一天的好人好事及时做出评价。此外，每周一评的"每周班级之星"、每月一评的"月度风云人物"（这两项可以二选一）、每半学期一评的"关心集体奉献奖"、每学期一评的"感动班级十大事件"、每学年一评的"班级年度人物"等，还有一些不定期的单项评选，都是试图让学生的行为能经常性地被评价所调节，达到"让评价影响班级生活每一天"的效果。具体情况如图 8-32 所示。

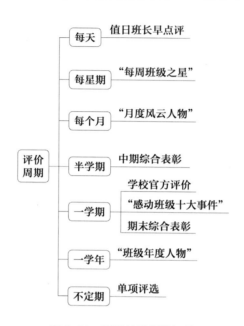

图 8-32 班级的阶段性评价

第三，面向全体学生。

我们都知道，当评价和自己毫不相干时，我们就不会关心。比如，班级里大部分学生都不会在意"三好学生"的评价，因为评来评去，总是那么几个人当选。官方评价关注面狭窄（如"学习标兵"）或标准过高（如"十佳少年"），将绝大部分学生挡在了门外。如果评价对人毫无意义，就失去了导向功能。周期短、标准宽泛的多元评价体系可以为所有学生提供被认可的机会，无论是"每周班级之星"还是"月度风云人物"，都没有刻板的标准，在学习、劳动、体育、工作等任何方面有所表现，均可以被评价体系"捕捉"到。班级的大部分评选均不应设额外的门槛，任何人都应有机会参评。评价应关乎班级中的每一个人。

第四，评价手段"软""硬"结合。

"硬评价"体系由各种量化评分组成，比如，常规表现、班级工作、活动参与等情况均可以一定分值呈现。班级设各项分数的统计员，以分数作为各种评比的依据比较客观、公平。但是，学生的很多行为表现是难以量化的。班级评价还是以软评价为主，如教师点评、给家长的信息、班级海报、班级（小组）评议、评语、等第、颁奖词等。软评价直接与班级核心价值观相匹配，主导班级舆论，弘扬正能量，对班级风气影响很大。

事实表明，评价越细致、越灵活、越多元，对学生行为习惯养成的促进作用就越大。一个好行为、一件偶尔为之的好事，通过评价可以得到强化，从而激励学生更多地、有意识地发生类似的行为，帮助班级形成好风气。班级里从来不缺少正能量，而是缺少灵活的评价机制。因此，构建班级多元评价体系，就成为班级文化建设中必不可少的一环。

② 班级评价体系的构建。

第一，建立正式的评选机构。

从各项评比候选人的产生到评选，都要公平、公正、公开。这个机构由推荐组织和评选组织构成，而班级日常的很多记录可以为推荐合适的候选人提供信息。评选活动的组织如图 8-33 所示。

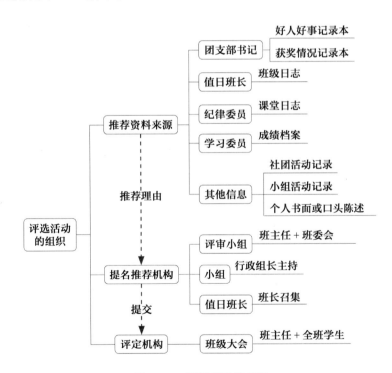

图 8-33 评选活动的组织

班级所有成员，既可以成为推荐者、评选者，也可以成为被推荐者、被评选者，每个人都有机会参与评选活动，行使自己的权利（因为每个人都会担任值日班长，班级大会也需要每个人投票）。

第二，建立规范的评选程序。

评选要有规则，要按程序选出合适的学生。比如，"班级人物"一共有三个——"每周班级之星""月度风云人物""班级年度人物"，评选的流程是规范的（见图 8-34）。

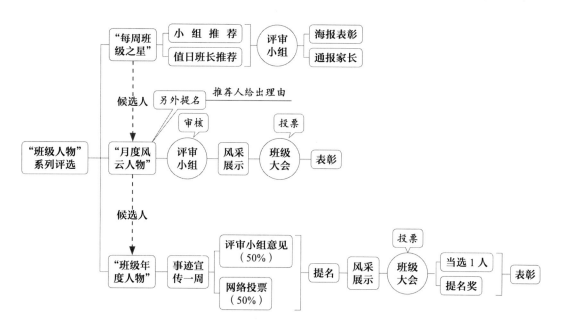

图 8-34 "班级人物"系列评选程序

第三，建立符合班级核心价值观的、多元化的评价项目。

班级评价体系是一步一步建立起来的。可以根据班级的发展情况和教育需求，一项项建立评价项目和制度。这些评价项目并非孤立的，而是互相关联、互为补充的。每一个评价项目都有明确的指向，而不是为评价而评价。班主任要非常清楚为什么要做这个项目、它与班级文化有着怎样的关联、通过这项活动引导怎样的价值观；或者说要倡导怎样的群体价值观，就要有与之相匹配的评价制度。

评价项目的设立思路有两个：一个是事件，一个是人物。班级中会发生各种事件，也会涌现出各种人物，这些都是建立评价项目的理由（见图 8-35）。

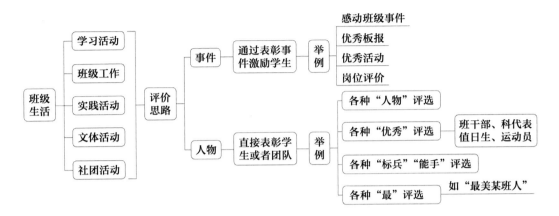

图 8-35　班级评价项目的设立思路

事件评价，是"因事成人"，其实表彰的还是事件背后的人。人物评价，看上去是在表彰人，其实是在弘扬这些学生符合班级核心价值观的、积极向上的行为。其中，班级的最高荣誉——"班级年度人物"的获得者，更是班级文化具体、典型的代表。班级文化的内核看不见摸不着，但是看到他（或她），自然就会对这个班级的文化产生直接的感知。文化的重要标志之一是有传说和英雄人物，"班级年度人物"就是班级英雄，是班级文化的最佳代言人。

评价的多样性与班级生活的丰富性是一致的。班级生活简单、枯燥，评价往往就比较单一；班级生活丰富多彩，评价也就会丰富多彩。而班级有怎样的生态，不仅与社会大环境和体制有关，还与班主任的教育理念直接相关。

（3）整合资源，开展各种活动，在活动中形成班级行为文化

班级行为文化包括班级在发展过程中形成的各种传统、学生的行为习惯和班级活动等（见图 8-36）。

班级行为文化来自两个方面。一个是制度文化（包括评价）。制度不仅规范学生的行为，也通过评价倡导学生的好行为。另一个是活动。活动是很好的教育，也是发展班级文化的极佳途径。

我观察过一些班主任开展的班级活动，这些活动确实丰富多彩，也调动了各方面的资源（特别是家长资源），看上去很热闹。但是仔细想想，却发现这些活动的教育目标不明确，活动背后没有理念支撑，是为活动而活动。

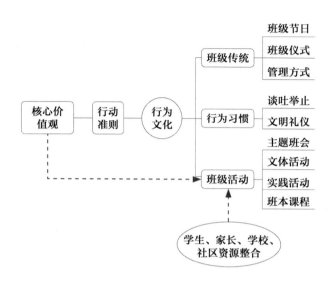

8-36　班级行为文化的内容

虽然我们都意识到了活动的重要性，但是盲目组织的活动，其教育价值非常有限，甚至可能会产生反作用。班级活动的开展应该紧紧围绕班级核心价值观，而不是只图开心热闹或表面上轰轰烈烈。班级核心价值观可以通过班级的各种活动体现，反过来，班级组织的每一项活动都有培养学生、帮助学生形成正确价值观的意蕴。换言之，如果班级活动不围绕班级精神文化内核来组织，教育价值就非常有限。

活动是广义的，包括管理活动、学习活动、社会实践活动、社团活动、文体活动，等等。班级核心价值观就像一根无形的纽带，可以将这些活动串联起来并赋予它们更深的意义。

案例　围绕班级核心价值观开展活动

2014 年，我所带的班级确定了"公德、责任、合作、友善"的核心价值观和"立志、修身、精进、坚毅"的个人成长关键词。此后大量班级活动均紧紧围绕这十六个字组织，活动形散而神不散。通过这些活动，学生对班级核心价值观的理解和认同加深了。部分活动内容如图 8-37 所示。

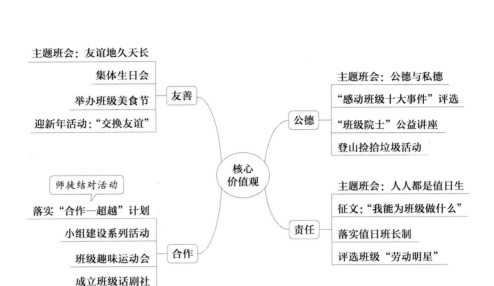

图 8-37　围绕班级核心价值观开展的活动

4. 价值观普遍化阶段

经过长期努力,班级文化历经创建、认同、形成阶段,在若干关键问题上大家达成共识,形成心理默契并体现在日常行为中。如此,班级文化发展便进入了美妙的第四阶段 —— 观念普遍化阶段。到了这个阶段,我们基本上可以认为班级有"文化"了。

(1) 班级文化形成的主要标志

班级文化有特定的标志,如图 8-38 所示。

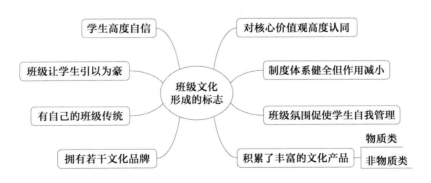

图 8-38　班级文化形成的标志

班级文化的基础是学生对班级倡导的核心价值观有高度认同感。在此之上形成有自己班级特色的传统,班级就不再需要刚性规定,"约定俗成"才是大家的行动准则。

这样的班级气场强大，正义感十足，凝聚力强，学生对班级的感情很深，大家关系融洽，愿意待在班级里。

班级文化的形成还有两个明显的标志。

一是产生了丰富的文化产品，如班级节日、班本课程、班级社团、班级刊物、师生作品集、班级特色组织结构，等等（见图8-39）。比如，班级节日，一个有文化的班级一定有节日。孩子是喜欢过节的，而班级节日又是特殊的，它只属于自己的班、自己的同学和老师。班级节日是班级的"民俗文化"，它可以让班级生活有仪式感，让学生有归属感，增加班级对学生的吸引力。

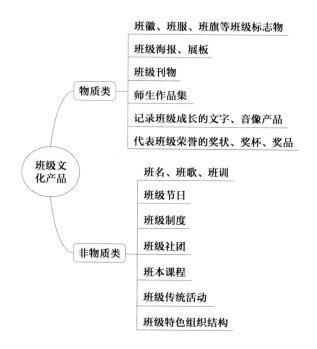

图8-39　班级文化产品

二是拥有了班级文化品牌。

没有十全十美的班级，也没有一无是处的班级。有文化的班级，成绩不一定是最高的，但是一定拥有让学生引以为豪的文化品牌。一个班级不可能处处领先，但有文化的班级总有些和其他班级相比具有明显优势的项目。文化品牌是班级的标签，它的价值就是它自带的影响力。品牌的影响力足以让学生受到感染，所以，处在这个阶段的班级，管束行为大为减少，甚至班级制度的作用也在下降。在管理方面，班主任和学生的压力都比较小，因为大家基本上已经能够自我管理，班级氛围足以约束学生的行为。

　　班级文化品牌是班级文化最重要的标志。但班级文化品牌不可能"打造"，它一定是在师生双方长期的共同努力下，慢慢形成的。下面以诚信教育为例做出说明（见图 8-40）。班主任想在班级建设"诚信学习"的文化品牌，通过宣讲教育，使学生认同了"做人、做事都要讲诚信"的观念，其实这一观念学生都比较容易理解和接受，但此时还不能说班级文化形成了。因为真正遇到了问题时，比如作业是抄袭还是不抄袭，一个价值观模糊的人，会因种种因素的困扰而纠结，甚至出现错误的选择（抄袭），所以需要有制度的约束 —— 对抄袭行为进行警告和惩戒，还需要有人监督、检查。这个时期班级的管理压力还是比较大的，因为很多学生的价值观还不稳定（甚至是错误的），导致他们的表现不稳定。班级在管束学生的同时，一是要加强教育，让学生明白诚信的可贵以及不讲诚信从长久（不一定是眼前）来看给人带来的损失。二是要用班级的评价和榜样来引导，让不抄袭的行为不断得到强化。随着不抄袭的学生越来越多，诚信学习的力量越来越大，便可渐渐形成一种班级氛围。最后，不管是成绩优秀的学生还是学习有困难的学生都远离了抄袭。这就表明诚信的群体价值观已经形成，诚信学习已经成为班级文化品牌之一。品牌有很大的影响力，甚至可以影响个人的价值观。在这种文化氛围里熏陶出来的学生，以坚守诚信为骄傲，即使离开班级，走向高校或者社会，也会懂得保持学术诚信（价值观具有稳定性）。这就是文化管理强大的力量。

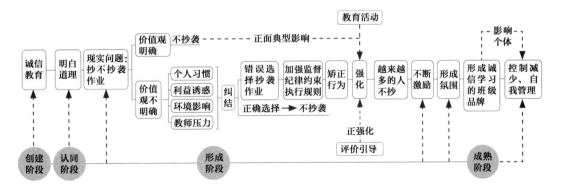

图 8-40　班级诚信学习品牌的形成过程

（2）如何创建班级文化品牌

普遍化阶段是班级文化成熟、升华的阶段。此前班级文化建设的工作主要是开发班级文化项目、创建班级文化品牌，进入该阶段后的主要工作是巩固班级文化传统、进行班级文化创新。

① 开发班级文化项目。

如何开发班级文化项目，如图 8-41 所示。

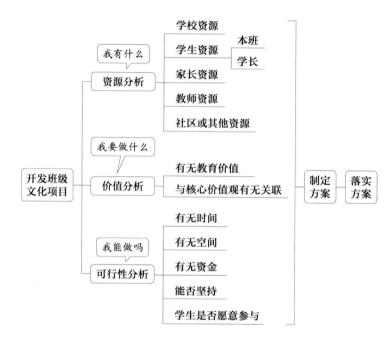

图 8-41　班级文化项目的开发

开发班级文化项目要把握两点。

第一，所有显性班级文化内容均要围绕班级文化的精神内核打造，体现班级精神，不可以想到什么就做什么，不可以盲目跟风或生搬硬套某种模式，因为文化是有个性的。个性的标志之一就是有自己班级特有的文化项目。班主任在带领全班学生开发文化项目时，首先要做资源分析和价值分析，完成可行性分析后再制定方案，开展行动。其中，价值分析尤为重要。每个班级多少都有一些资源，动用哪些资源做文化项目是有讲究的。只有当手头拥有的资源有教育价值，又与班级文化建设的方向有关联时，这样的资源才是有效的。如果不加思考地采用"拿来主义"，那么就容易造成看上去很热闹、实际上教育价值很小的现象。这个问题在当下很多班级普遍存在。

第二，构建班级文化体系一定要结合班情、校情。班级文化的拥有者和受益者都是学生，班级文化建设也需要全班学生的参与。所以，要一切从学生出发，为学生的成长考虑。班主任不应该出于某些功利性的目的而构建班级文化，也不能凭自己的臆想以行政命令的方式强行推进。在班级文化的形成过程中，尽管班主任具有至关重要的作用，但是班主任不能以自己的文化观和价值观替代学生的价值观。归根到底，班级文化是班级的文化，而不是班主任的文化。

此外，班级文化项目的实施需要时间和空间，所以可行性分析也很重要。

② 把班级文化项目做成班级文化品牌。

单一的活动对班级文化建设的贡献较小。只有把班级文化项目做成班级文化传统，把班级文化传统变成班级文化品牌，再对班级文化品牌不断进行创新，才有意义。

案例 班级美食节文化项目的开发

一、可行性分析

一个项目能不能开展，要进行可行性分析（见图 8-42）。

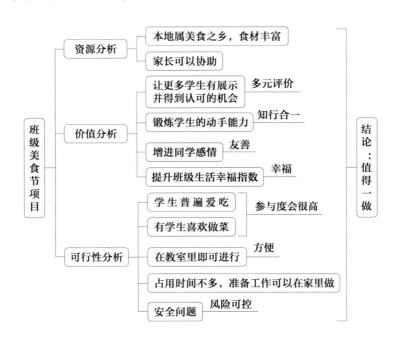

图 8-42 班级美食节方案可行性分析

二、制定方案并实施

进行可行性分析后，综合考虑学校条件、时间、安全等因素，我们制定了详细的活动方案。方案如下。

班级春季美食节活动方案

［活动目的］

弘扬传统美食文化，培养动手实践能力，活跃班级文化生活

［活动时间］

4月10日下午第三节课后

［活动地点］

高一（5）班教室

［活动准备］

1. 每人利用清明节小长假时间学做一道菜品（食品），熟练掌握制作方法。

2. 以个人、组合、小组等方式在生活委员处报名，报名时须告知菜名、数量和现场所需要的用具。报名截止时间：4月9日中午。

3. 教室布置：将课桌沿墙呈U形排列，2—3张课桌为一节展示台，制作人在台内操作，教室中间为活动区域。

4. 制作人需自行准备食材、成品或半成品、餐具若干套，如需现场加工，用具自备。品尝的同学也要自己备好餐具。

5. 班级可以提供的支持：白开水、微波炉两台、电磁炉一台、接线板两个。

6. 制作关于活动的宣传海报一张。

［活动流程］

1. 4月10日下午第三节课后按照上面的要求布置好教室。

2. 制作人展示、介绍菜品。

3. 学生和家长交流、品尝、拍照。

4. 活动结束后各自收拾展台，教室恢复原状，垃圾自己带走，值日生打扫卫生。

［注意事项］

1. 所有食材必须保证干净、新鲜、卫生，由家长监督、严格把关。现场展示以及与同学分享之前由班主任和家长再次检查，确保食品新鲜、未变质。

2. 尽量事先把菜品做成成品或半成品，减少现场加工程序。如果必须现场加工，无论用刀还是用电都必须注意安全，同时使用的电器不能超过两个。

3. 聘请两位家长参与活动管理，监督保障，提供帮助。欢迎其他家长观摩活

动，品尝美食。

4. 所有菜品必须自己动手制作，不得购买现成的食品参展。

5. 参与活动保持行为举止文明文雅，勿哄闹喧哗，严禁推搡打闹，以免危及他人及教室安全。

6. 未尽事宜，另行通知。

［评价工作］

1. 每道菜品均编号，拍照留存，品尝的学生给菜品打分，评选"最佳菜品"等奖项予以奖励。

2. 参与制作菜品的学生均可获得 20 个活动积分。

活动选在 4 月中旬进行，一是考虑到清明过后，春意盎然，食材比较丰富；二是前面有个清明节小长假，学生有充分的准备时间；三是此时气温不高，有利于食物的保存；四是这个时间段没有重大考试，组织活动对学习的影响较小。可见，组织任何一次活动，每一个细节都必须考虑周全。

三、将单一的项目变成班级文化品牌

这一方案实施的效果很好，于是准备将这个项目持续做下去，每学期举办一届美食节，每年春季、秋季各一次。

学生第一次参与时兴趣很浓，但在第一届美食节上，该展示的展示了，该吃的也吃了，如果没有变化，仅仅停留在吃、吃、吃上，意义就很有限。这样的活动也不能上升到"文化"的高度。

可以说，第一届美食节是一次可贵的探索，在收获成功的同时，也发现了一些问题，为今后继续举办活动积累了宝贵经验。主办者要考虑的问题是对方案进行优化，每次都有创新，每次都制造惊喜，让这项活动既成为班级传统，又能保持足够的吸引力，将它做成一个班级文化品牌。

在成功地举办第一届班级美食节之后，就要开始考虑第二届乃至更远期的活动设计。当然，在活动实施之前，还可以根据当时的具体情况做一些调整。

创建班级美食节文化品牌的思路参见图 8-43。

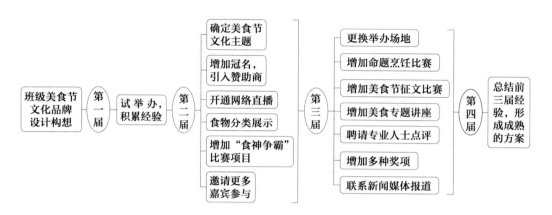

图 8-43　班级美食节文化品牌设计思路

我曾总结过形成班级传统和班级优势项目的"十六字诀",即"人弃我取,人无我有,人有我优,人优我变"。凭着这一字诀,我不断激励学生争取属于自己的成功。每当班级取得一些进步时,全体学生都能享受到成功的喜悦,都有高峰体验,都有荣誉感,这反过来又会提升班级的凝聚力。班主任应努力抓住机会,带领学生不断取得成功。

班级文化项目、班级文化传统、班级文化品牌是全班师生共同努力的成果,是班级文化的结晶,是班级文化的魅力所在,是学生终生难忘的记忆。

什么样的班级文化能让学生充满归属感、荣誉感、自豪感呢?答案是个性标签、特色品牌、传统优势、高光时刻。每一个班级都是普通的,每一个班级又都是独一无二的。一个能战胜各种困难、不断积累成功经验、形成优良传统的班级会形成一种气势,给学生带来自信。这样的班级就是不同凡响的。如果一个班级既有气质(班级精神),又有气势(自信心),那么它一定就能战无不胜。这样的班级会成为学生一生的骄傲。班级文化会让学生变得更加精进,会提升学生的素养,助推班级更上一层楼。

回顾管理学一个多世纪的发展,从一开始把人看作经济人,强调组织、分工、控制的科学管理,到认识到人是社会人,需要被关注和激励,提出以人为本的人本管理思想,再到 20 世纪后半叶提出人是文化人的概念,探索文化管理思路,以文化推动组织的持续发展,这条发展路径已为很多世界著名企业及组织的成功所证明。组织目标和个人目标的协同问题一直是困扰管理学界的难题,而解开这一难题的钥匙似乎已经找到,那就是"文化"。班级是组织,以文化推动班级发展并落实到帮助个人成长上,最终就能使班级和个人的成长实现和谐统一,这种战略性思维应该是新时期班主任工作的首选思维方式。

09 最好的管理是激发学生

一、我们的教育管理理念真的对吗

1. 好管理是不是就是把人管住

要想把班级带向优秀，就离不开管理。到目前为止，本书一直在研究班级管理的各种方法。然而，如果对班级管理最根本的问题缺少明确的认识，甚至认识出现方向性的偏差，那么方法越多、越精妙，带来的危害可能就越大。比如，管理不是简单的"管"。管就是约束、控制，管理的内容则丰富得多。再如，管理到底是管事还是管人？有人认为，管理就是"管人理事"。但无论是按管理学的解释还是从班级这个组织的特殊性来看，班级管理都应该是"管事理人"。如果把管事的方法、技巧用于控制人，大方向就错了，导致的结果也会很可怕（见图9–1）。

图 9–1　三种管理思维

人是什么？人是资源（现在也有人说人是资本）。资源需要好好开发、利用，让它发挥最大作用。管理学家德鲁克认为，人力资源的特殊性在于人具有协调、整合、判断和想象的能力。人是有思想、有情感的，还有主观能动性，而且都不愿意被控制。用或软或硬的方法把人管住，看上去有效果，但终究违背了发展人的宗旨。人应该是管理的主人，而不应该是奴隶。教育中如果有管理，也是为了让学生学会自我管理。

科学管理班级，是为了把事情做好；人本管理要求班主任真正关注班级里的每一个人；文化管理则用正确的价值观引领学生做正确的事（基于价值判断）。除了早期的科学管理理念（又称"古典管理学"），现代管理理念都不主张控制人。那么，减少控制，班级会不会一团糟？学生会不会放任自流？我们希望有一些办法，可以减少控制，但能让班级和学生发展得更好（见图9-2）。这就是本章重点研究的问题。

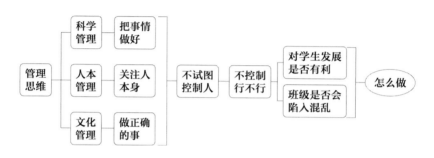

图 9-2 关于管理中"减少控制"的思考

管理学界的共识是，好的管理不是把人管住，而是激发人的活力，调动人的积极性，充分发掘人的潜能。被激发的学生几乎不要人管，自己就能不断进取。由一群被激发的学生组成的班级，也一定是活力十足、积极进取的团队。所以，激发学生是班主任最重要也是最有意义的工作。

2. 乖孩子是不是现代社会要求的人才

很多教师都希望学生是乖孩子，遵守纪律，认真学习，努力工作，重要的是服从自己的指挥、听从自己的教育。班主任认为这样的学生才是"好学生"，而充满活力的学生则被认为是"调皮捣蛋"，虽然有能力但不听话。很多教师骨子里"权威意识"很重，有独立思想甚至对教师的教育进行质疑的学生往往不受他们待见。

事实上，且不说班级里的学生不可能个个听话，就算是乖巧听话的学生也未必是可持续发展的优秀人才。新时代对优秀学生的定义已经更新。我国已经制定并出台了"中国学生发展核心素养"（见图9-3）。

在这份学生发展核心素养中，将"科学精神"表述为"理性思维、批判质疑、勇于探究"；在"实践创新"条目下指明"主要是学生在日常活动、问题解决、适应挑战等方面所形成的实践能力、创新意识和行为表现"。核心素养中重要的"自主发展"，更是"强调能有效管理自己的学习和生活，认识和发现自我价值，发掘自身潜力，有效应对复杂多变的环境，成就出彩人生，发展成为有明确人生方向、有生活品质的人"。显然，传统意义上的"好学生""乖孩子"，可能并不符合现代社会对人才的要求。而以上这些有关核心素养的表述，更是对激发学生重要性的最好说明。

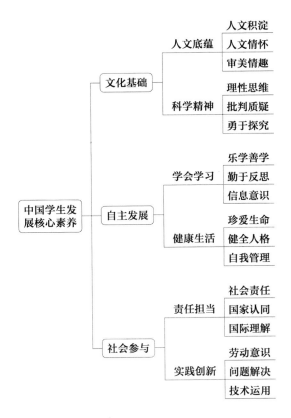

图 9-3 中国学生发展核心素养

教师习惯了教听话的学生，还可能出现另一个不利的情况 —— 一旦遇到难教的学生，就必然会束手无策，不是回避就是将其"打入另册"。这样做无论是对教师自身的教育能力还是对学生的发展，都是非常不利的。

3. 安静的班级是不是优秀的班级

相当多的班主任喜欢对一个优秀班级的状态用"净""静""敬""竞"四个字概括。对此，我不敢苟同，特别是这个"静"字。教室不是不需要安静，而是不需要时时刻刻安静。安静的班级，未必是优秀的班级。这一点，我相信大部分班主任都有同感。从希望学生"乖"，到要求班级"静"，都反映出一些教师陈旧的教育理念。

学校里有一个现象：教师越是业务水平不高，对班级全局的把控能力越是不足；

人格魅力越是不够，他们就越倾向于牢牢地控制班级。他们担心的是一旦学生被激发，自己的权威地位就会动摇，班级就会陷入混乱甚至失控的局面。

这是教师专业不自信的表现。他们很难把握激发与浮躁之间的差别，也没有掌握激发学生的要领，一放班级就乱。所以，干脆矫枉过正，采取高压控制的管理方式。其实，激发与表面的混乱、浮躁完全不是一个概念。混乱恰恰不是已被激发状态的标志。激发，就是让学生知道他想要什么并积极主动地争取。被激发后的学生不是处于无政府主义的混乱亢奋状态，相反他们经常会默默地努力。

优秀的班级一定是动静两相宜的。该安静的时候静得下来，该活跃的时候会很活跃，"静若处子，动若脱兔"。无论是动还是静，都有明确目标，都有高度自律的奋发行为。

4. 老经验是不是好经验

激发学生是比较新颖的教育理念，很多做法都处于探索中。教育，具有很大的不确定性。一些改革举措也许不能带来预期效果，特别是在很多人最为关心的成绩提升方面。实事求是地说，改变需要勇气。能否承受可能的失败？敢不敢推翻自己业已成熟且行之有效的一套管理方法，甚至忘掉自己曾经的辉煌，从头来过？这些问题无一不在考验着班主任，特别是已取得一些业绩的班主任。我自己就曾遭遇过类似的困惑。运用精细化管理手段，我所带的班级曾在学校创造过连续 120 周（从高一到高三）常规评比优胜的纪录，而我随后在新班级进行了多项学生自主化管理试验，结果是班级经常拿不到流动红旗，而且不断暴露出新问题。我很庆幸自己战胜了"名班主任"的虚荣心，继续坚持改革实践，不断调整。最终，在此过程中出现的问题都成了教育资源。

一个人最大的敌人往往是自己，自身发展的最大障碍不是一无所知，而是那些好不容易取得的业绩、荣誉和积累的经验。只有勇敢地跨越这些羁绊，不断否定自己，才能为自己也为学生打开新的上升空间。

二、忽视中等生是最大失策

1. 班级管理中的"二八现象"

19 世纪末 20 世纪初，意大利人帕累托发现了"二八现象"，随后总结出"二八定律"（即在任何一组东西中，最重要的只占一小部分，另一大半是不重要的），这一定律现已广泛地应用于社会各个方面。比如，我观察到的绝大多数班级（无论是优秀的还是糟糕的），班主任无形中都在运用"二八定律"管理班级 —— 只依靠少数学生就基本完成了管理任务。

一个班级的学生，大致可以分成优等生、中等生和差生三个层次。这里必须做出说明。优等生、中等生、差生，并非一般意义上用成绩划分出来的层次，而是从管理难度的角度划分的（当然，二者也有关联）。优等生并不一定成绩优异，而是很自觉、工作很主动的学生；中等生是指没什么特长、表现平平的学生；差生是指表现不好、很难管理的学生，当然，这些学生的成绩通常也比较差。我向来反对使用"差生"来描述学生，但此处为阐述方便，暂时借用"差生"这个词。

班级里这三类学生的比例大致是多少，要看班级的具体情况。优秀的班级和糟糕的班级差别往往很大。平均比例一般是差生约占 10%，完全不需要教师操心的学生约占 20%，表现一般的中等生约占 70%。三类学生呈橄榄形分布，两头小中间大。

在运用"二八定律"管理的班级中，班主任对这三类学生的态度是不同的（见图 9-4）。

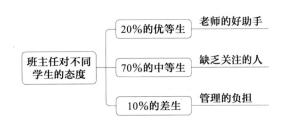

图 9-4 班主任对不同学生的态度

优等生是班主任管理班级的主要依靠力量，是班主任的好助手。他们基本上都是班干部，在班级的地位比较高，表现的机会也多，做的事也是最多的 —— 20% 的人完成了 80% 的工作。我们发现，在绝大多数班级里，在班级管理和班级活动中，真正能发挥很大作用的，就是那些为数不多的优等生。

班主任很少发挥中等生的作用，只会给他们布置简单的任务（如打扫卫生）。在班级事务中，中等生基本上就是"打酱油的"，他们的主要动作就是"服从""参与"，它们在班级管理中是配角。而差生在班级管理中基本上不能发挥作用。

与此相对应，班主任在管理上的精力投入也符合"二八定律" —— 少数问题较多的学生消耗了班主任大部分的时间和精力。差生不仅不参与班级工作，还经常捣蛋，起反作用，在班级管理中是反角，他们是班级的重点"维稳对象"。不同学生在班级里的状况如图9-5所示。

图9-5 不同学生在班级里的状况

2. 对"二八现象"的反思

在班级管理中，班主任为什么会有意无意地运用"二八定律"呢？一个重要的原因就是班上的学生素质差异较大。有的学生工作积极性、能力和领导力都明显优于同班同学，班主任用起来放心、顺心，关键还省心 —— 优等生几乎不用怎么指导、培训就能把工作做好（班主任有时候能碰到特别能干的学生）。如果班级的事不多，班主任对班级发展的要求也不高的话，有一小批得力助手就足够应对了。

有的管理学论著提倡管理一定要用好"二八定律"，但是我认为，在班级中运用这样的管理方式是有问题的，根本原因就是学校和企业不同，教育必须面向全体学生。如果在班级管理中运用"二八定律"（很多班主任是在无意中使用的），就会造成下列问题。

①少数人累死，大多数人闲死。

②少数人能力越来越强，多数人能力得不到提升，还有少数人能力越来越差。

③依靠少数人，班级发展会遭遇"天花板"。

因为人的能力和精力是有限的，班级只靠少数人努力，大多数人很闲，再有几个人搞破坏，班级就会经常处于"维持"的状态，班级的发展后劲就会不足。

班级管理是班级教育的一部分。重视少数人，势必就会忽视多数人。班级管理怎么可以放弃那么多人呢？有人会认为这是管理的需要，如果大家都参与管理，班级就会变得很混乱。事实是不是这样呢？

我认为恰恰相反，"二八现象"带给我们一个很好的启发：凭少数人就能创造那么多贡献，大多数人为什么不可以？这样，我们似乎就可以找到班级发展的最大空间——就是后面那 80% 的学生（中等生和差生）。在一般的管理方式下，他们人数众多，贡献不大。"二八现象"说明很多人的潜能根本没有发挥出来。如果他们的潜能能发挥出来，不仅对班级发展大有好处，对这些人自己的发展更是意义重大。

试想，如果班级里那 80% 的学生都能像前 20% 的学生一样，积极向上，主动参与班级事务，那么这个班级该会多么优秀。

3. 每个学生都是一座金矿

中等生和差生是不是真的像有些班主任所想的那样没用甚至有反作用呢？当然不是。我们知道，除了个别情况，绝大多数人的智商是差不多的。每个人都是有价值的，"天生我材必有用"。怎么会有一无是处的人呢？既然承认没有一无是处的人，那么为什么很多班主任做事的时候就忘了他们或者采取了相反的行动呢？这就要在班主任的管理理念和管理方式上找原因了。

如果班主任只按照固定的标准和个人的价值观去要求学生，就必然会有不符合那些标准和价值观的学生。这样的学生在教师眼里，就不是什么"好人"。班主任在内心对这些学生是抵触的（不一定会表露出来），自然就不可能"重用"他们。但往往越是这样，学生的表现就越糟糕。当学生感觉到教师并不待见自己时，他就会把更多不好的方面展示出来；当学生意识到教师忽视自己时，他就会对教师和班级漠不关心。在班级中，很多班主任都遇到过"一无是处"的学生（见图 9-6）。但是必须强调，这是固有标准评价下的"一无是处"，这样的评价当然是片面的。

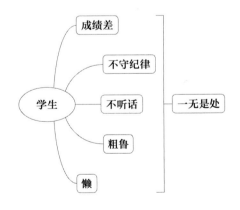

图 9-6　一些班主任眼中"一无是处"的学生

如果班主任能够遵循教育规律，那么势必就会做以下思考：每个人都是有价值的，只是我还没有发现。

如何发现每个学生的价值呢？要经常转换角度，转换姿态，转换标准。这些"转换"的背后，其实就是教育观念的转变。当教师改变观察学生的角度和姿态时，往往就会有惊喜的发现——学生变得可爱、有才了，班主任的工作心态也好了（见图9-7）。

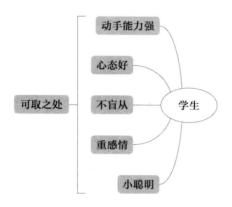

图 9-7　换个角度看学生，学生就有"可取之处"了

每个学生都是一座金矿，只是有的金矿露在外面，很容易看到，也不用费劲去开发；而有的金矿藏得比较深，不容易发现，需要用心开发。

4. 接受学生不可改变的，改变学生可以改变的

我们可以理解班主任在班级管理中"偏爱"某些学生的心理，但也指出，这样做不利于发展全体学生。学生的个体素质确实差异较大，然而，教育恰恰是要提升人的素质。教育不是万能的，但教育一定是有用的。班主任要具备的良好工作态度应该是"接受不可改变的，改变可以改变的"（见图9-8）。

图 9-8　教育学生的正确心态

我们必须承认，学生（特别是中学生）身上有些东西是很难改变的，比如先天遗传的一些特质、性格等。每个学生来到班级里都不是一张白纸，他已经被抚养多年，身上带着家庭教育的烙印。这些是难以抹去的。对学生身上难以改变的东西，班主任要坦然接受 —— 这就是他。接受不代表不作为，只是说要基于学生的特点进行教育。同时，班主任要积极行动起来，努力改变可以改变的，比如用教育观念、管理方法和班级氛围影响学生，促进学生健康成长。

5. 抓中间，促两头

很多教师会用"抓两头，带中间"描述自己的工作策略。其实，这是错误的做法。因为教师的精力有限，"抓两头，带中间"，到最后往往是抓了两头，却放弃了中间。因为中间群体很少惹是生非，教师会觉得即使不抓，问题也不大。

就班级各层次的学生而言，班主任可以大有作为的是中等生。这个群体，是最有可能改变的。放弃了中等生，就等于放弃了一个班级最大的增长区域。所以，正确的做法应该是"抓中间，促两头"。

班级里的优等生（并非特指成绩优秀的学生）其实是不用多管的。因为他们综合素质好，自我管理能力和独立性较强，一般来说也比较有个性。这类学生普遍对教师干涉过多反感。因为他们很自觉，所以不需要班主任过多关照就能较好地处理各种事务。对待他们的最好方式就是"放手"，让他们有更多自由的时空自主发展。他们一般也会主动做事，不需要太多控制。

有的班级可能会出现"天才"。天才是特例。如果哪个班级出了"天才"（相对于同班同学资质优势特别明显），就只能说是班主任运气好，班主任切不可认为天才是自己培养出来的（最多是发现）。教育是做什么的？教育是培养人才的，就是把差生教育成合格的公民，把普通人变成人才。人才完全是可以培养的。

中等生是班级里人数最多而受到关注最少的一个群体。他们在智商、情商方面并不输于优等生，但因为种种原因，潜能并没有充分发挥出来，以至于表现平平。他们渴望得到重视。优等生是不缺少关注的，所以，很多优等生把教师的关注看作理所当然，教师激励他们的效果并不明显。但对中等生的激励效果是非常明显的。

差生，也有人叫作"问题生"。其实，问题生是个伪命题。不存在什么问题生，或者说每个学生都有"问题"（成年人也一样），只是"问题"来自哪一方面、是显性的还是隐性的。所谓问题生，是指有显性问题的学生。问题生同样是金矿（你不得不这么看），需要开发。发现问题生的价值，激发问题生进步，是很有价值的事。

　　班主任在工作中对各层次学生投入的精力大致比例如图 9-9 所示。

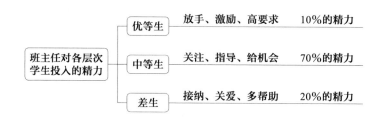

图 9-9　班主任对各层次学生投入的精力

　　从图 9-9 来看，似乎要求班主任把大部分精力投放给中等生，投放给差生和优等生的不够多。然而，这恰恰与班级各层次学生的比例是相吻合的。中等生本来就占 70% 左右，与之相匹配的精力当然也应该是这么多。差生只占 10%，考虑到教育差生的难度较大，实际上要多投放一些精力。而优等生本来就不需要"管"那么多。所以，这样的精力投放比例是完全符合"面向全体学生"这一教育原则的。

三、如何激发学生

　　激发是一种高超的管理艺术 —— 激发并非依靠简单的鼓励或仅仅放手就行。学生多变，自控力不如成年人，这在客观上增加了激发，特别是激发后的引导的难度，但也让这项工作变得更有魅力和挑战性。我们常说班主任工作是极富创造性的，就是因为教无定法，不同个性的学生需要用不同的方法去点燃、去激发。

　　虽然每个学生是不一样的，没有万能的方法，但是一定有通用的思路。我们应该从成功的案例中寻找共性。成功的案例就是班级里那些优等生。我们要思考：他们为什么优秀？使他们变得优秀的方法能不能用到其他学生身上？

　　我问过很多优等生："你为什么这么优秀？"很多人都回答不上来，他们说："我也不知道。"这个"不知道"，说明可能有先天的因素。但除了这些，一定还有其他因素，否则这个问题就没有研究的必要了。

　　通过分析大量案例，我总结了一些激发学生的因素，如图 9-10 所示。

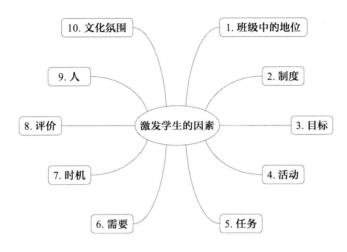

图 9-10　激发学生的因素

如何利用这些因素激发学生?

1. 让每个学生都成为班级的主人

在一个公司里，老板和员工谁会更主动地做事呢？当然是老板。因为公司是老板的，老板做事，就是给自己做事。员工是给老板打工的。二者的积极性显然不一样。这是一个基本常识 —— 一个组织的主人工作会更主动、更有责任心。所以，激发学生最根本的方法是让他有"主人"的感觉。

班主任经常要求学生有主人翁精神，主动关心集体，为班级做贡献。问题在于主人翁精神不是"要求"出来的。如果他是主人，即使你不要求，他也有主人翁精神；如果他没有主人的感觉，你再要求都没用。

什么是主人的感觉？在组织中有地位，有话语权，有管理权，有一定的自主权，有参与决策的机会，等等。当学生有了这些权力时，他就会感受到自己是班级的主人。

（1）建立更多扁平的组织结构

在传统的组织结构中，话语权、管理权、自主权等权力是职务赋予的。职务越高，权力越大。按照管理学的理论，"责、权、利"三者是"等边三角形"关系，即权力越大的人，责任也越大，当然，他获得的利益或拥有的资源也越多（见图 9-11）。

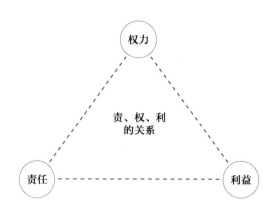

图 9-11　责、权、利的关系

目前，大多数班级的组织结构是层级式的，且人员比例呈金字塔形，也就是符合"二八定律"，少数人领导着多数人，如图 9-12 所示。

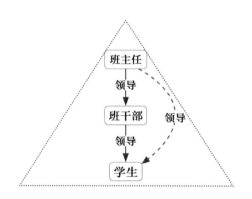

图 9-12　传统的班级组织结构

此前已经分析过，这种传统的班级组织结构虽然分工明确、层次分明，但也造成了这样一个局面：班主任一个人高高在上，握有最大的权力，控制全局，按责、权、利对等的原则，他无疑是一个班级中最有责任感的人；占班级人数比例较小的班干部也有一定的责任心，因为他们也有一些权力，也可以算作班级的主人之一；而占班级人数比例最大的学生，没有任何权力，听命于所有教师、班干部的指挥，所以缺乏责任感。正所谓"不在其位，不谋其政"。

所以，传统的班级组织结构是不利于调动所有人的工作积极性的。从激发学生的角度看，必须改革。改革不是要推翻原有的组织结构，取消班干部（原有组织结构有许多优点，要保留），而是要建立补充机制，让普通学生也能当家做主，成为班级真正的主人。

有利于激发每个学生的组织结构一定是扁平的，没有高低贵贱之分，没有明显的上下级，全班师生是合作互助关系。每一个人在组织中都拥有自己的位置，都有一定的自主权，也有机会参与班级各项重大事务的决策（见图9–13）。本书此前介绍的很多管理方法，特别是人本管理方法，正是出于此种考虑。

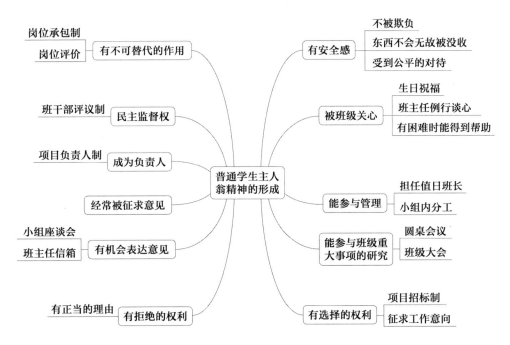

图 9–13　普通学生主人翁精神的形成

比如，建立班级议事的组织。对班级的重大事项，如制定班规、选举评议等，任何学生都有权利参与决策。班级大会、班级议事圆桌会议、小组座谈会等方式给了全班学生"参政、议政"的机会。

再如，对班级小组功能的再定位。此前我们研究过小组的结构（见图 2–5）。班级的每个学生都是小组组员，也是组长。小组中没有绝对的领导，只有分工的不同。

这种设计看上去很公平，理论上也能发挥每个人的作用。但是在实际操作中会出现各种问题，因为它仅仅是对组员进行学习和工作任务的分工。如果有人既没有领导才能，对学习也不上心，即使做了某个组长，工作也干不好。这样的人在小组里是不是就没有价值了呢？这是很多班级在小组建设中遭遇的麻烦，有些学生所有的小组都不愿意要，有些学生成为小组里不受欢迎的人。麻烦的起因还是对小组功能定位的单一化。这种单一化就是规定每个人都必须做组长，完成一定的组织、学习任务。如果某人学习或表现太差，班级评价又是将小组全体成员捆绑起来（这实际上是一种错误的做法，相当于连坐），那么这个人势必会拖累一个组，以至于同学们都很嫌弃他。

换一个角度呢？可以考虑让小组的功能多元化，而不是仅限于学习和管理。可以通过组内研究，充分发掘每个组员的资源，开展不同的活动。不同个性的人在组内可以扮演不同角色，能使小组氛围变得更加融洽、小组凝聚力得到提升。对有效团队的相关研究表明，一个小组里必须有不同的人扮演各种各样的角色（见图9-14），有喜欢组织的，有专门提意见的，有活跃气氛的，有专门出主意的，有专注学习的，也有喜欢运动、娱乐的……这样的团队才会生机勃勃。要弱化小组内部和小组之间的竞争，更多地强调组员之间的互相欣赏、互相接纳。

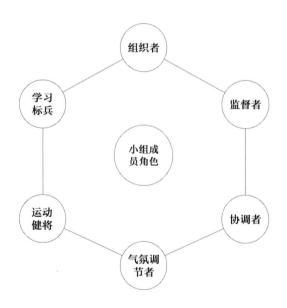

图 9-14　小组成员角色

可以用组织结构创设公平的环境，让每个学生在班级里地位平等，没有学生被歧视、被冷落，在此基础上让每个学生都能发挥自己的才干。

（2）管理机制从僵化到灵动

在大多数班级里，教师做什么、学生干部分管什么，基本是固定的。工作的布置和完成，流程都差不多 —— 班主任把任务交代给相关班干部，由班干部具体组织学生去完成（见图9-15）。班主任对参与工作的学生予以关心、指导和帮助，学生向班主任汇报情况、请示工作。所谓"相关"，就是学习方面的任务交给学习委员，体育方面的任务交给体育委员，等等。班主任永远是第一责任人，班干部是第二责任人，具体做事的学生责任不大，只是执行命令而已。

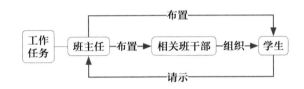

图9-15　班级任务安排流程

这套机制应对常规工作还是很有效的，所以不能废除。但是，一些特殊任务，需要由最合适的人去做。而相关班干部不一定就是那个最合适的人选，但因为他是班干部，就必须由他负责。这样，无论是从完成工作的质量要求，还是从激发人的角度看，都是不合理的。

班级能否打破班主任、主要班干部"一统天下"的管理格局，采取更加灵动的管理方式呢？传统的思路是以职务确定任务负责人，突破传统的尝试是，以任务（项目）为核心，寻找最适合完成这项任务的负责人 —— 可以是班干部，也可以是班里其他任何人，甚至可以招聘班级以外的人。班主任全权授予他来制定方案、组织团队、指挥调度。所有人都支持并服从负责人的安排，互相配合，为完成任务共同努力。这就是与层级管理机制并行，且可以弥补其不足的"项目负责人制"（见图9-16）。

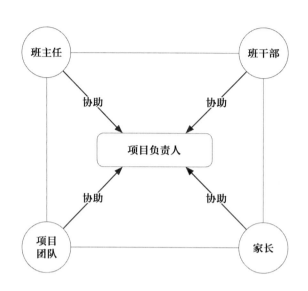

图9-16　项目负责人制的运作方式

　　我们可以发现，在这样的管理结构中，班主任的身份变了，从原来"居高临下"的指挥和"礼贤下士"的听取汇报，变为协助甚至听从项目负责人（可能就是一个普通学生）的指挥。这种转变，既有趣，也更有意义。班主任以另一种身份出现在班级事务中，也可以从另一个角度观察、欣赏学生。

　　项目负责人制的优势之一就是给所有人提供了公平的机会。以往是班干部、优等生在班级里机会多，普通学生、中等生的机会少，差生根本没机会。现在人人都有可以独当一面的机会。班干部的角色也发生了变化，由过去令人讨厌的"小领导"，变成了服务班级的"公仆"。这样，班级管理结构进一步扁平化了。

　　从以人的身份确定项目的负责人（有"分管领导"一说），到以高质量完成任务的需要确定负责人，与其说是管理方式的改变，不如说是管理理念的转变。它打破了传统的管理方式，更加灵活，也更有利于激发人。图9-16的形状特别像舞台。班级就是一个舞台，要把学生放在舞台中间，而且要把不同的学生放在舞台中间，让他们尽情地发挥、展示，给所有学生锻炼的机会。项目负责人一般会有特殊的才艺或专长，是适合完成这项工作的人。当然，还有一种情况，就是项目负责人不一定有过人之处，但是，班级为了成全他、锻炼他、培养他，把他"推到"舞台中间，让他在大家的帮助之下完成任务、取得成功。所以，这种机制可以有效地激发学生。

　　要找到一个合适的项目负责人，就必须有发现人才的机制。在传统的管理方式中，发现并任用人才，主要靠班主任（领导）的一双"慧眼"（成人的组织也多半如此）。但是，班主任对学生的了解是有限的，他不可能无所不知。仅凭班主任一个人的观察，显然是不够的，只有建立长效机制，才能确保找到对的人（见图9-17）。

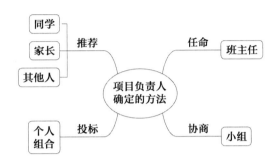

图9-17 项目负责人的确定方法

项目负责人采用"一事一议"的方法确定。一个项目就是一个团队，项目负责人就是团队领导。一个项目完成后，团队就可以解散，当然也可以保留。一个项目的负责人在其他项目中，可能仅仅是个普通成员。

案例 班级活动招投标制

在图9-17中，项目负责人的确定方式之一是投标。我所带班级每学期开学初都要举行本学期的班级活动招投标 —— 学生都可以对本学期的班级活动（包括班会）提出建议（投标）。收集学生的建议后，由班主任确定或组织评标（由班委会或班级大会评议、投票）。一旦中标，投标者就成为这个活动的项目负责人，由他来组织具体实施，班级提供人员、资源的支持。我们利用这种形式成功组织了多次活动，而且很好地锻炼了学生的能力（见图9-18）。

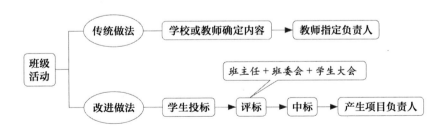

图9-18 班级活动招投标制

能够激发学生的管理思路是，每个人都有独特的价值，只要班级管理结构合理，每个人在班级里都可以发挥重要作用。项目负责人制在理论上给予了每个人平等的权利，但是要真正实践起来，难度不小。一个关键就是打破"班主任、班干部是'官'"的思维。班级常设的一套机构，有各种负责人，比如班长、学习委员等，但是，这些负责人不是官员，而是服务人员 —— 为全班学生服务的（组织工作也是一种服务）。他们的工作，可以保障班级正常运转。但是，一些需要特殊能力和资源的任务，可能需要找到更合适的负责人。同样，项目负责人也不是"官"，他们也是为学生服务的。

常设管理机构和灵活的项目负责人制并存，才是充满活力的，有利于激发每一个学生的管理机制。

2. 班级制度是激发学生的决定性因素

传统的班级制度主要用于约束学生，惩戒学生的违纪行为。也就是说，制度是用来管人的。而现在我们思考更多的是，如何利用制度调动人的积极性，激发人的活力（这也是制度文化的重要特征）（见图 9–19）。

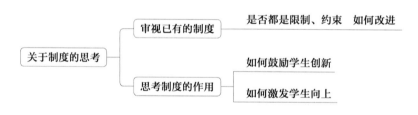

图 9-19　关于制度的思考

什么样的制度有利于激发学生（见图 9–20）？

图 9-20　有利于激发学生的制度

第一，是公平正义。公平正义的制度不仅可以保护每个学生的权益不受侵犯，让他们有安全感，还能弘扬正气，激发学生做正确的事。

第二，制度不仅是出于管理的需要，更是出于促进学生成长的考虑而制定的。班级需要什么样的制度？制度怎么制定，怎么修改？这些都需要学生参与。

第三，班级制度要突出激励功能而不是限制作用。

比如，很多班级采用量化评分制度，无论是学生个体还是小组，只有循规蹈矩，才能保证不被扣分，个人被扣分还会导致小组被"连坐"。虽然也有加分，但是项目是规定好的，指标是明确的，只有达到设定的标准，才能加分。这样的制度就不可能激发学生，而且一旦学生不在乎那点儿分数了，这个制度就完全不能发挥作用了。量化评分不是不可以搞，但能否做些调整？比如，因"不守规矩"被扣的分是否可以远低于积极行动所加的分？是否一定要取得好的结果才能加分？努力的过程可以加分吗？能否有学生自己设计、申报的加分项目？积分使用范围可否扩展，以满足学生更多的需求？总之，制度是要求人不犯错误，还是鼓励人向上、创新？这个问题，班主任必须思考（见图 9-21）。

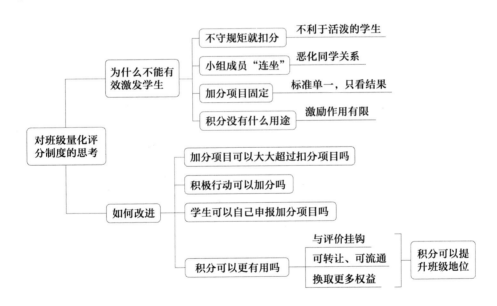

图 9-21　对班级量化评分制度的思考

案例　我所带班级的积分政策

结合以上思考，我所带班级在做量化评分制度时，着重考虑了两点：第一，除了"规定动作"尽量多元化之外，还增加了"自选动作"——学生可以自己申报加分，而且分值不固定；第二，拓展了积分的用途，以期让量化评分发挥更好的激励功能。每一类积分由专人负责统计，在期末进行积分兑换（见图9-22）。在学习上，有专门的学习积分（参见《班主任工作十讲》第123页关于学习评价的内容）。从实际操作情况来看，效果还是不错的。

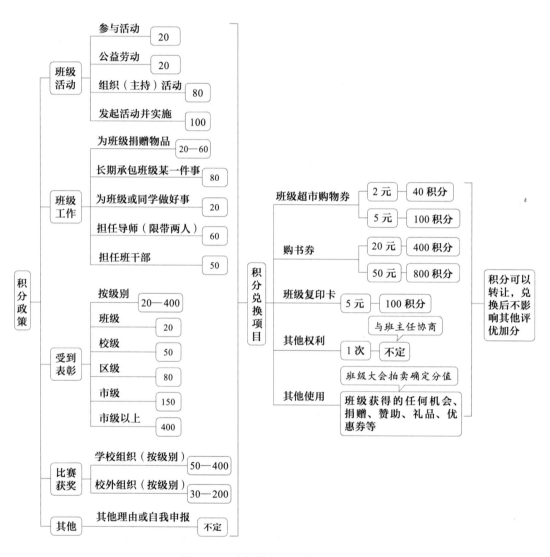

图9-22　班级的积分政策（简洁版）

第四，随着班级和学生的发展，制度需要不断修改、更新，这也需要学生的参与。每次制度更新，都能有效地缓解学生对制度的麻木心理。

第五，制度要体现对学生的人文关怀。比如，对学生违纪行为的惩戒，要考虑到学生的年龄段、实际困难和例外情况，要给学生多种选择的机会，要鼓励学生以积极行动改正错误，去掉表达中的负面语言（如"不准""严禁"等），尽量使用第一人称，等等（参见本书第7章第7节"人本管理是合乎道德的管理"中关于惩戒迟到的案例）。

从制度层面（包括组织结构）入手激发学生，是根本的、战略性的。在战术层面，还有很多激发学生的方法。

3. 用目标激发学生

（1）班主任的目标管理

多少人因为有目标而开始努力奋斗，多少人因为没有目标而浑浑噩噩 —— 这是我们对目标激发人的基本认知。生活中这方面的实例屡见不鲜。

关于目标对人的激励作用的理论可以追溯到美国管理学家彼得·德鲁克的"目标管理"。如果把班级的各种事务用目标互相联系起来（以各种目标为核心），形成一个体系，那么这个体系对学生和教师的激发作用就可以达到最大化。在这方面，班主任有两项重要的工作要做：第一，为班级设计发展目标；第二，帮助学生设计个人发展目标。这两项工作要逐一完成。相当多的学生是没有目标或者只有模糊的目标的。没有目标的导向作用，人的惰性就会变大，表现就会变得随意。当然，班主任也应该给自己设定专业成长的目标（见图9-23）。

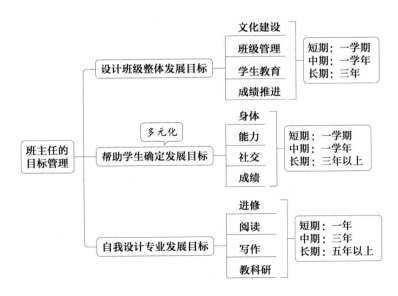

图9-23 班主任的目标管理

班级目标和个人目标是有密切关系的。班级目标的实现要建立在学生实现个人目标的基础上。班级目标和个人目标必须协同，才能达到理想的管理状态（见图9-24）。

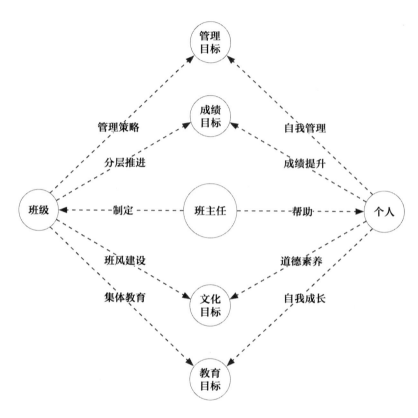

图9-24　班级目标与个人目标的协同

班主任最重要的工作之一就是用目标不断引导、激励学生取得进步，帮助学生实现目标。

（2）用目标激发学生

无论是班级目标还是个人目标，要想起到很好的激发作用，就必须具备三个特点。

第一，近期、中期、远期目标齐备。近期目标是战术性的，务求具体，可以测量，可能实现（参见本书第6章第1节"制订班主任工作计划"中"制定目标的SMART原则"）；中远期目标（也可以叫作"理想"）是战略性的，不一定有近期目标那么清晰，但大致方向是明确的。这两种目标对人都有激发作用。近期目标可以影响学生当下的行为；中远期目标看上去遥不可及甚至不切实际，但可以影响人生的走向，具有长久的激励效果，作用比近期目标要大得多（见图9-25）。

图9-25　高中生的学习目标及其影响

对不同层次的学生来说，目标的重点是不同的。以高中生为例，对差生来说，首先是要有近期目标，解决当下的学习困惑；中等生不仅要有近期目标，也要有中远期目标，特别是中期目标（很多中等生是没有的），如进入大学后想学习什么样的专业；对优等生来说，考取（重点）大学基本上不成问题，他们更应该思考的是今后人生方向的选择——成就一番什么事业、在社会中将发挥怎样的作用，而不仅仅是获得一份不错的工作、有较高的薪酬。我们现在比较重视的是"励志教育"，而很多"励志教育"的目的也就是考个什么大学而已。

我认为，对学生来说，更重要的是"立志教育"。现在即使是优等生，普遍也没有理想，他们对人生、对未来、对社会的思考不多。这与我们的教育方式和教育理念不无关系。当然，这并不意味着暂时是差生和中等生的学生不应该有远期目标。随着学习的进步，他们的眼界也会越来越宽，思考的问题也会越来越深。所有学生都应该有近期、中期、远期目标并使其互相融合，形成激发他们成长的动力（见图9-26）。

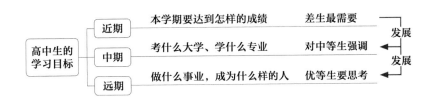

图9-26　各层次高中生确立目标的重点

第二，近期、中期、远期目标要相关。相关度越高，激发的效果越好。也就是说，"十年后的我"和"三年后的我"都与"今天的我"如何奋斗有关。而某班主任对一批高一学生的问卷调查显示，几乎没有学生能将这三类目标联系起来思考问题。

这就不难解释为什么用目标激励学生的效果不理想了。所以，在这个问题上，班主任一定要注意指导学生。

第三，目标应该是有个性的、多元的，不局限于学习成绩（当然，成绩目标很重要）。如果目标是单一的，就会有相当多的学生因无法达到既定的目标而产生挫败感。班级应该允许每个学生有各种各样的目标，只要是合理的、正当的，班级就应该支持并创造条件帮助每个学生实现自己的心愿。

善于做目标管理的班主任会经常用目标激发学生（见图9-27）。

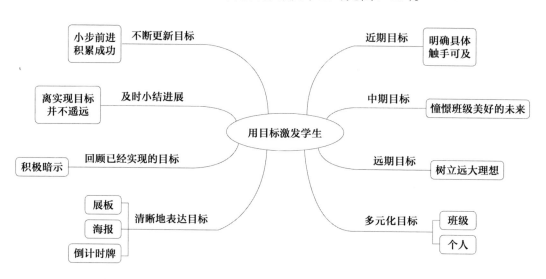

图 9-27　用目标激发学生

短期目标要明确、清晰，要注意将其可视化（如将其制作成展板、海报、倒计时牌等）；中期目标是个人或班级愿景，是班级文化建设的重要内容；远期目标涉及立志教育和终身教育理念。要经常和学生一起回顾班级走过的路，暗示学生，我们可以战胜困难，达到目标。还要经常点评班级目前的发展情况，鼓励学生，我们离成功并不遥远。一个目标实现后，学生一定会有满足感，但疲倦和懈怠也会随之而来。一个有效的应对办法就是，尽快确定一个新的目标，开始新的努力。一个美好的愿景往往可以分解为若干小目标，让我们小步前进，一步步接近成功。

4. 活动是激发学生的好方式之一

（1）走出组织学生活动认识上的误区

常见的组织学生活动认识上的误区如图 9-28 所示。

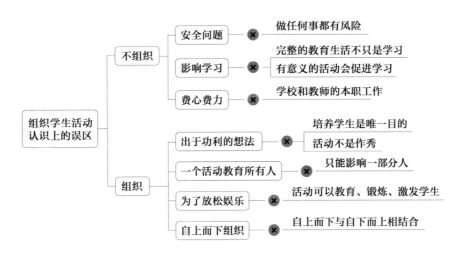

图 9-28　组织学生活动认识上的误区

　　活动是最好的教育。在学生的校园生活中，活动是必不可少的。但是，现在很多学校（特别是中学）和教师都在缩减活动。他们的逻辑很简单，首先，组织活动要保障安全，活动越多，出事的概率就越大。那么多一事不如少一事，能不组织活动就尽量不组织。其次，他们担心活动多了，学生的心会散，会不安心于学习，最后影响考试成绩。有些教师恨不得学生整天坐在教室里上课、考试。学生没活动了，教师就不必操心很多问题。即使最后学生的成绩没有搞上去（那是很可能的，因为不是天天坐在那里成绩就能上去的），也可以心安理得，因为自己已经尽力了——连活动都取消了，能说我没有全力以赴抓学习吗？

　　造成这些怪象的原因当然是多方面的，但是，这也与班主任对教育的理解及其工作热情关系非常大。不想做事，总能找到一堆理由。活动对学生的激发作用几乎是不需要论证的，试图削减活动来提升成绩完全是错误的想法，而因为活动导致成绩下降更是"欲加之罪，何患无辞"。我所带的班级是全校组织活动最多的班级，但是成绩不仅没有因此下降，反而还稳步提高。所以，我们且不说没有活动的教育不是完整的教育，就算用功利的眼光看，活动对学生的学习成绩也有正向促进作用。

为什么要组织活动？首要的目的当然是教育。但是，作为活动的主体，学生不能被动参与。在活动中展示才华、提升能力、释放自我，可以看成活动的另一个重要目的。有活动的班级生活，是丰富多彩的。活动可以吸引学生，让他们的生活充满激情，也让他们更加热爱班级、热爱学校。

（2）用多样性的活动激发不同的学生

组织活动有三大意义（见图 9-29）—— 教育学生、激发学生、丰富班级生活，三者的核心是教育。

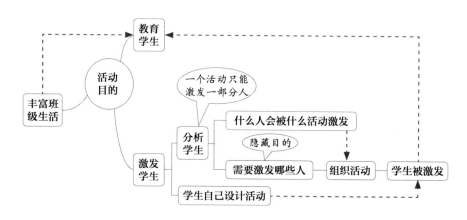

图 9-29　用活动激发学生

激发学生、提升学生校园生活的幸福指数，都是为了更好地教育、培养学生。但是，教育的目的往往需要有所隐藏。现在的活动总是目的性很明显，自上而下地组织，而且很多学校偏爱场面宏大、意义重大的活动，试图用一次活动教育所有人。但实际效果却并不理想。这是我们需要思考的问题。

首先，我们要认识到，活动对学生一定是有激发作用的，但不可能用一次活动激发所有人。那么我们就需要分析学生并思考：什么学生可能会被什么活动所激发？我们需要激发哪些学生？班主任要隐藏教育目的，通过巧妙地设计、组织活动让这些学生得到激发。也可以让学生自行设计活动，这种做法的激发效果会更好。

这样，我们就会明白一个道理：班级活动的多样性不是为了表面上的精彩、热闹，而是与学生个性和爱好的多样性相匹配的。不同的活动，活跃的人群完全不同。有人喜欢读书，有人喜欢表演，有人喜欢唱歌，有人喜欢运动……任何一次集体活动，都有积极参与的，也有被动掺和的，还有冷眼围观的。这很正常。活动的组织者不能强求所有人必须保持"高度一致"（这是做不到的），而是要调整思路，设计不同的活动激发不同的人。

一个个活动就好像是班级为学生搭建的一个个舞台，让不同类型、不同爱好的学生都有机会展示自己、释放自己，把最好的自己呈现出来，在班级里赢得地位和重视，获得成就感（见图9–30）。当班级可以为学生提供各种各样的舞台时，这个班级一定是生机勃勃、积极向上的班级。

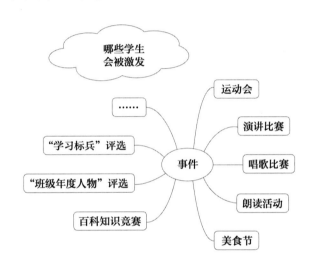

图 9–30　用不同的活动激发不同的学生

案例　"挑战讲台"活动

我在班级里组织过一个活动——挑战讲台。任何学生都可以提出申请做一回老师，上一节课，无论什么学科。班主任负责协调科任教师，一个月（一门课）拿出一个课时供学生上课。学生必须独立备课，写教案，做PPT，做实验，完成完整的一节课的教学工作。当然，可以请教老师，老师相当于实习生的导师。这个活动推出后，受到一部分学生的追捧，他们的参与热情很高。他们会花很多时间备一节课，虽然大部分学生课上得并不好，但同学们却非常开心，听课也格外认真，所以课堂效果很不错。然而，班里只有为数不多的学生最后完成了"挑战讲台"活动，更多学生要么不敢，要么不想。当然，我在设计这个活动的时候，心里就非常清楚，哪些学生可能会参加，这项活动是为哪些学生准备的。我并不要求所有学生都参加。不参加的学生，班级还有很多其他活动供他们选择。

5. 把任务变成挑战可以很好地激发学生

如果班主任只是简单地向学生下命令、布置任务，学生只是被动地执行命令、接受任务，那么学生不仅不会被激发，还会把任务当作负担，勉勉强强地完成。但是，如果任务是挑战，意义就不一样了。人都有不愿服输、迎接挑战的心理。所以，智慧的班主任总是巧妙地把任务变成挑战来激发学生。

（1）"请将不如激将"

班主任布置任务时的表达方式非常重要。俗话说"请将不如激将"，用带有神秘感、鼓动性的方式表达，更能激起学生接受挑战的欲望（见图9-31）。

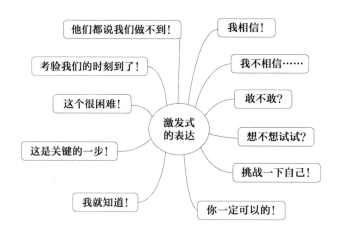

图 9-31　激发式的表达

（2）不用奖励，特殊的任务本身就可以激发学生

用激发式的表达方式，只是把任务"包装"了一下，改变不了任务的本质。真正能激起学生斗志的，还是任务本身。班主任安排给学生的，不应该仅仅是简单的任务（如打扫卫生、收发作业），还应该有具有挑战性的、有难度的任务（见图9-32）。把这样的任务交给学生，可以体现班主任对学生的高度重视和信任，这种做法本身就是无价的奖励。

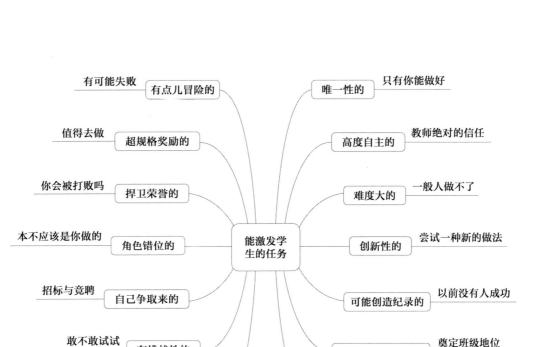

有可能失败 ─── 有点儿冒险的
值得去做 ─── 超规格奖励的
你会被打败吗 ─── 捍卫荣誉的
本不应该是你做的 ─── 角色错位的
招标与竞聘 ─── 自己争取来的
敢不敢试试 ─── 有挑战性的
人尽其才 ─── 你擅长的

能激发学生的任务

唯一性的 ─── 只有你能做好
高度自主的 ─── 教师绝对的信任
难度大的 ─── 一般人做不了
创新性的 ─── 尝试一种新的做法
可能创造纪录的 ─── 以前没有人成功
带来巨大成就感的 ─── 奠定班级地位
你喜欢的 ─── 如你所愿

图 9-32　能激发学生的任务

教师充分信任学生，让学生去完成具有挑战性的任务，一定可以激发学生的斗志，极大地提升他们。这时，学生往往会有出人意料的惊艳表现。当然，教师要做学生的坚强后盾。因为尝试或挑战，可能成功，也可能失败。但是，无论成功还是失败，学生都会有收获，都会成长。

有人会疑惑：到哪里去找这些具有挑战性的任务呢？其实，这些任务就隐藏在班级那些看似平常的鸡毛蒜皮的事情中。比如，从做事的主体来看，班级工作要么由学生做，要么由班主任做。但学生能做哪些工作、班主任必须做哪些工作，却没有明确的界限。班主任如果能打破思维定式，大胆尝试，就一定能源源不断地发现那些具有挑战性的任务。比如，前面提到的"挑战讲台"活动，本质上就是一种角色错位的任务（让学生做本来应该由教师做的事）。班主任不妨玩个小游戏，拿出纸和笔，列出十件认为只能由自己做的事，然后问自己："凭什么这些事都必须由我做？能不能让学生试一试？"看看能画掉几件事。每画掉一件事，就意味着给自己也给学生增加了一项新的挑战。

实现目标，完成挑战，会让人产生成就感，成就感反过来又能激发人更加努力。

班主任要让学生在班级里不断地获得成就感，而不是泛泛地鼓励和夸奖他们。

6. 寻找真正能激发学生的激励因素

很多管理策略都是针对人的具体行为的。然而，人一般不会莫名其妙地去做一件事或采取一个行动。任何行为都有动机，而动机来自内心的需求。需求产生动机，动机产生行为。

很多行为心理学家的需要理论（见图 9–33）都指出，不同的人，在不同的阶段，处于不同的状况，其需要是不同的。教师要研究学生的需要是什么，并采取各种措施满足他们的需要或为满足他们的需要提供条件，从而激发他们。

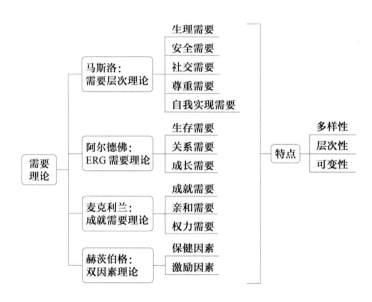

图 9-33　需要理论概览

为什么我们对学生的教育和帮助总是收效甚微？因为我们不了解学生的真实想法和需要。学生发生一个行为，我们往往不能解释它，只是按照自己通常的理解去判断，进而去干预、控制。很多班主任做事的出发点是好的，但因为不能深入了解学生，所以总是不能击中痛点，帮忙帮不到点子上，甚至帮倒忙。所以，不能只是控制学生的行为，而要从研究学生的行为出发，读出学生行为背后的潜台词。当我们"读懂"了学生时，我们的教育措施才可能是得当的（见图 9-34）。

图 9-34　洞察需要，采取得当的措施激发学生

　　人的需要是多样的、有层次性的、可变的。学生的行为一般是为了表达某种需要。这种表达往往是隐晦的，甚至学生内心的想法和外在的行为是矛盾的。教师只根据学生表现出的行为所做的判断往往是错误的。教师需要思考的是：他为什么会这样？有的学生经常在上课时捣乱，有的喜欢吹牛，有的喜欢哗众取宠，有的喜欢欺负人，这些行为经常被同学嘲讽，被老师批评。然而，他们的真实意图是什么，需要教师去探究（见图 9-35）。

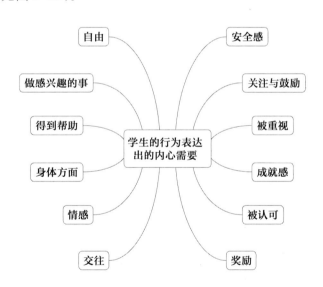

图 9-35　学生的行为表达出的内心需要

　　沿着图 9-35 的方向去思考，可逐渐整理出一些有效的教育措施（见图 9-36）。

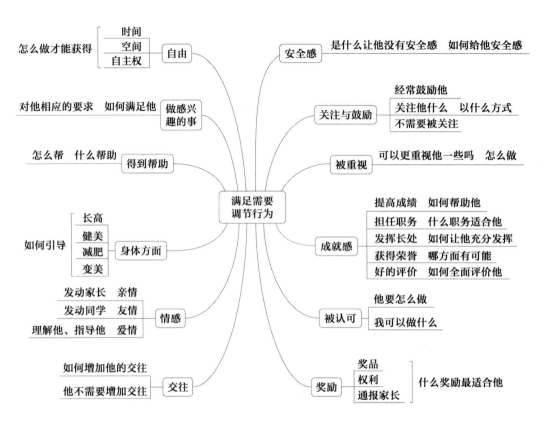

图 9-36 满足学生的需要，调节学生的行为

赫茨伯格的双因素理论指出，不是所有需要得到满足就能激发人的积极性。基本条件（保健因素）不具备会引发人的不满，但具备了也不一定能激发人。只有激励因素得到满足才能调动人们的积极性。激励因素包括工作时的愉悦感、成就感、奖励、对未来的期待、职务的责任感，等等。我带班时始终坚持的一些做法，如重视学生的劳动、注重激励（而不是惩戒）、增加奖励、描绘班级愿景、落实岗位培训等，可以当作满足学生的激励因素（见图 9-37）。

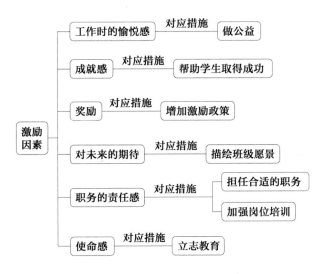

图 9-37　用激励因素激发学生

7. 把握好激发学生的时机

激发学生要讲求时机。关键时刻的激发可收到"四两拨千斤"的效果（见图 9-38）。

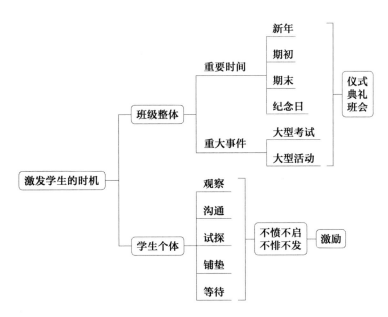

图 9-38　激发学生的时机

一是充分利用重要的时间节点、重大事件的临近时刻，对全班学生进行激发。我班每年的"新年许愿"活动、每届高考前的"最后一课"，都很有仪式感。因为抓住了重要时机，效果当然会好。

二是每个学生的成长节奏不同，班主任要注意观察，把握好时机。所谓"不愤不启，不悱不发"，学生不到一定的节点，不能开悟。学生开悟前可能有相当长的蛰伏期，班主任一定要耐心等待，不可急于求成。当然，引导工作也要做好，要尽量创造条件迎接"激发态"的到来。比如，主题班会"人间四月芳菲尽，山寺桃花始盛开""野百合也有春天"，正是这样的有针对性的引导。在重要时间节点上的一次谈话，比平时谈多少次都有用，但这不是说此前的工作都是白费力气，其实，班主任是在对学生的不断关注中发现教育契机的。

8. 用评价激发学生

（1）为什么传统的评价方式对学生的激发作用有限

管理学大师德鲁克说过，今天大多数组织制定的考评办法，其实是脱胎于一般医生对病人的评估。医生的目的在于治病，医生重视的是人的毛病，而不是病人的优点。

由此，我们可以理解为什么很多评价不能激发人，因为我们在运用"医生式的评价"——找毛病（见图9-39）。

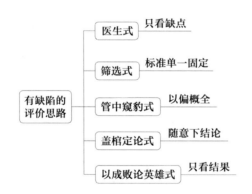

图 9-39　不当的评价方式

此外，一些不当的评价不仅不能激发人，还可能打击人，或者在激励一部分人的同时伤害另一部分人。

案例　伤人的"状元"

学校经常组织考试，每周、每月都有。每个月的考试称为"月考"。每次月考后，学校都会对学生的分数进行排名，列出年级、班级的总分"状元"，做出精美的展板（可以叫"状元榜"），上面有学生的照片、分数。学校不惜工本，每月更新。此举看上去是在激励学生，但我说这是在打击95%以上的学生。因为一个班只有一个"状元"，那剩下的学生呢？学校不是不可以表彰学习成绩优秀者，但不能只是表彰考试成绩优秀者。学习有"状元"，那么跑步呢？唱歌呢？劳动呢？如果一所学校的全部评价只剩下分数，那么，这是这所学校的悲哀，也是这所学校中绝大多数学生的不幸。

（2）有利于激发学生的评价原则

有利于激发学生的评价原则大致如图9-40所示。

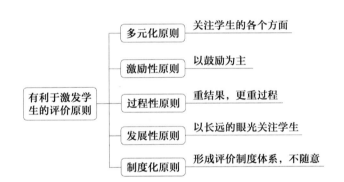

图 9-40　有利于激发学生的评价原则

（3）拓宽评价视野

教师对学生的评价的主要意图是引导学生的行为，强化某些好行为，激发学生更加努力。要达到激发每个学生的目的，就要拓宽评价的视野，就要避免出现如图9-39所示的那些有缺陷的评价。图9-41提供了两个拓展方向。

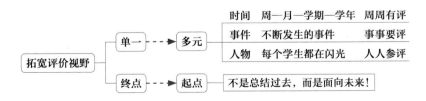

图 9-41　拓宽评价视野

① 从单一走向多元。

很多班主任已经注意到评价的引导作用，并开始尝试在班级里使用多元化的评价方式，即不仅关注学生的学业成绩，更关注学生的综合素养，如责任感、文明素养、行为规范、情商、特长等。我所带班级的多元评价体系就是由一横一纵两个维度合成的：纵向（时间轴）——"让评价影响班级生活的每一天"，通过缩短评价周期及时捕捉班级的好人好事（如每周"班级之星"评选）；横向（事件轴）——"让评价影响班级中的每个人"，通过增加评价项目关联更多学生（如"关心集体奉献奖""优秀值日班长"等）。所有评选都是面向全体学生，即所谓"门开大一点儿，门槛低一点儿"，让更多学生能在班级生活中获得成就感。

关于多元评价体系的建设，本书第 8 章第 4 节已经有比较详细的介绍。

但仅仅做到多元化评价，还是远远没有达到激发学生的最佳效果。

② 从终点到起点。

案例　期初表彰

从若干年前开始，我带班时就把每学期综合表彰活动从期末移到了第二学期开学初。也就是说，每个学期是以表彰活动开始的，在表彰的同时，对学生提出新的希望和要求。这种改变是基于两点考虑。第一，期末各项工作繁忙，没有充裕的时间准备大型活动。临近放假，学生的心思已经不在学校了，表彰达不到效果。第二，期末表彰后就放假，一个假期过去，学生基本上就会淡忘表彰，表彰对新学期的工作影响就很小。而将表彰放在第二学期期初进行，让学生带着激励开始新学期的学习，他们就会更有干劲。一个小小的时间变动，反映了班主任对评价作用的新的认知，即评价是为了后续更好的发展。

目前，学校或班级对学生评价的方式都是总结性的，评价成为管理的终点。比如，某学生本学期各方面良好，被评为"三好学生"。这是对该生过去一个学期表现的肯定。换句话说，传统的评价方式都是在"回顾过去"，对学生的激励作用有限。一个很常见的现象是，在某次活动中获得好评的学生往往难以在以后的活动中延续好的表现，出现"一次好一次坏"的情况。评价并没有促进学生持续发展。

要想充分发挥评价对学生的激发作用，就必须面向未来。让评价成为起点，让学生从评价开始新的发展。德鲁克建议，评价应该在"我期望他做到什么"和"他做得

怎样"之间建立。也就是说，要通过评价让学生知道努力的方向和发展的空间在哪里。这样的评价，能够激发学生不断取得进步，而不会让学生在获得荣誉后志得意满、沾沾自喜或跌落低谷。

9. 利用重要他人激发学生

人对人的影响很大，而且无论什么样的激发方法，最终还是人在运用。人的因素可以说是激发学生时最需要重视的因素。有时候我们对学生不需要采取任何教育措施，只要让他和一些人在一起相处，假以时日，就可能发生神奇的"化学反应"。但人并不是随便和什么人在一起就能被激发，有的人不仅不能起到激发的作用，相反还会有消极影响。

能够对一个人的人格、心理产生重大影响，甚至可以改变他成长轨迹的人，在心理学上被称为"重要他人"。重要他人又分为"互动性重要他人"（身边的人）和"偶像性重要他人"（如伟人、明星）两类（见图9–42）。

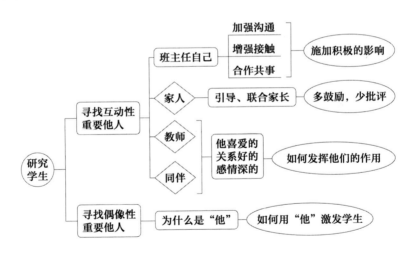

图 9–42　利用重要他人激发学生

互动性重要他人，以家长、教师、同伴这三类人为主。要想激发学生，就要重点做好这三类人（包括班主任自己）的工作。一般而言，随着学生年龄的增长，互动性重要他人也在变化。早年是家长最重要，上学后教师变得很重要，到了中学以后，因为学生越来越要求独立，同伴的影响会大大增加。

很多家长并不懂得如何激发孩子，相反经常打击孩子。对孩子的生活大包大揽、对孩子的内心世界缺少关注和对考试成绩近乎严苛的要求，是家长在家庭教育中暴露的三大问题。班主任应该积极做家长的工作，用自己的专业知识引导家长。班主任对学生的激发与家长对孩子的激发配合起来，同步进行，效果会更显著。所以，班主任一定要加强和家长的沟通。

随着学生年龄的增长，同伴对其产生的影响越来越大。班级里的各种"人物"评选、师徒结对等活动都可以发挥同伴的激发作用。身边同伴的努力和成功，最真实可信；来自好朋友的鼓励，最能激发自己。

至于班主任本人，则是激发学生最重要的因素。是激发还是不激发学生，完全是由班主任的性格和价值观决定的。班主任的人格魅力对学生的影响也很大。很难想象，一个因循守旧、谨小慎微、对工作缺乏热情的班主任会培养出思想活跃、活力十足的学生。班主任是学生创新的坚强后盾和最有力的支持。

偶像性重要他人也是激发学生的重要资源。班主任要研究的是为什么这个学生的偶像是"他"，"他"身上有哪些特质在吸引学生，如何利用这些资源来激发学生。

10. 创设有利于激发学生的文化氛围

一个班级的文化氛围会极大地影响学生的表现。走进不同的班级，我们可以嗅到完全不同的味道。

有的班级氛围使人备感压抑，比如几乎没有业余活动、评价标准单一、制度以惩罚为主、过于强调竞争、要求什么都统一行动听指挥、对纪律的要求近乎苛刻、要求学生绝对服从，等等。这样的班级可能各项评比成绩都不错，但学生却不幸福。这种氛围不利于激发人。

有的班级氛围会让人颓废，比如班级秩序混乱，事情没有人做，热爱学习的学生很孤单，没有学生关心学业和前途，学生平时关心、谈论的内容比较低俗，学生的表现自由散漫，等等。这种班级氛围看上去是宽松的，但却是颓废的。本来素质很好、要求上进的学生在这样的氛围中往往很快就会堕落。班级状况也会越来越糟糕。

什么样的班级文化氛围和传统最有利于激发学生呢（见图 9-43）？

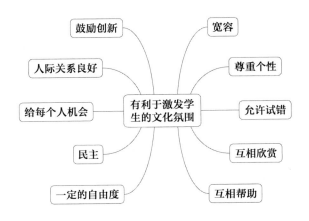

图 9-43　有利于激发学生的文化氛围

首先，宽容大气。

容得下各种类型的学生，任何形式的尝试、创新都是被允许和鼓励的，为成功者点赞，为失败者加油，学生在这样的环境中心情是舒适、放松的，没有太多顾虑。那么，要创设这样的环境，班主任该怎么做？要多设目标少设限，多宽容少苛求，多鼓励少指责。

其次，可以试错并容错。

人不可能不犯错误，做的事情越多，犯错误的概率就越大。班级管理不是尽可能减少学生犯错，而是要提供各种机会让学生去尝试。如果犯错的必然结果就是惩罚，那么势必就会让学生畏首畏尾，不敢越雷池一步。什么时候我们的学生不再对犯错感到恐惧，就说明我们的班级文化氛围是健康的。

在对待错误问题上，班主任的个人价值观起着决定性作用。如果班主任以现时的功利目标为价值导向，所有的管理策略都因此而制定，就不可能营造容错的环境；如果班主任希望培养的是完人，就会以完人的标准衡量学生，对学生的错误就不能容忍。

再次，互相欣赏。

既然每个人都不是完人，而每个人都有优点，那么，营造互相欣赏的班级氛围就十分重要。我们过去强调竞争比较多，而且强调的竞争是同质的，因为同质的竞争容易比出胜负。竞争固然可以激发一部分人，但会打击更多人。更何况，如果竞争走向极端，变成一种"文化"，就十分可怕。恶性竞争会引发各种矛盾，增加内耗，严重破坏班级的生态环境。

如果班级氛围是学生互相欣赏呢？每个人的精彩都会有人喝彩，每个人的努力都会得到认可，每次失败都会有人安慰。大家或取长补短，或各显其能，在班级这个舞台上，永远有表演者，也永远有啦啦队。这样的文化氛围，才是能激发人上进的氛围。其实，所谓竞争，更多的是和自己竞争——不断战胜自己的惰性，不断超越自己。

最后，也是最重要的，是自由。

班级能否给学生尽可能多的自由？包括自由时间、自由空间、处理个人事务的自由、管理的自主权……班主任能否少一点儿干涉、干扰，给学生一个宁静的环境，让学生可以自由思考，做自己喜欢的事（当然，必须是正当的事）？在当下，这是最困难的事，因为这和传统的教育思路是相悖的。但是班主任仍然要尽力而为。

一个激发起来的学生，最需要的是什么？是自由。越少"关心"、越少管束，越能最大限度地发挥他的创造力。他不需要你督促（凡是需要督促，就说明他是被动的），也不喜欢你插手他的工作，他会很自觉地做好事情，并且还能自加动力，做更多的事。班主任只需放手并保持关注即可。

四、一切皆教育，无处不激发

案例　班级里的"鲶鱼"

我曾经带过的一个班级里有一个专门喜欢唱反调的学生，他凡事都和别人拧着说、对着干，而且专门挑毛病，看什么都不满。很多同学都讨厌他，每次他一发言，都会"群起而攻之"，引发讨论和辩论。他就像一条鲶鱼，搅动着班级平静的气氛。结果，班级因此而有了思想碰撞，变得活跃起来。一开始同学们都不喜欢他参与讨论，因为他总是在泼冷水，令人扫兴。但是，我却总是鼓励他大胆发言，同时引导其他学生认真听。渐渐地，大家发现他说的很多话还是很有道理的，他的提醒也成为一面镜子，让大家更全面地观察问题。于是，大家开始接纳他、认可他。这条鲶鱼成了班级的宝贵财富。

按照常人的理解，和谐是好的，冲突是不好的，而事实并非如此。冲突分成破坏性冲突和建设性冲突两类。上述案例中那条"鲶鱼"挑起的就是建设性冲突，因为他的本意是为班级好而不是搞破坏。建设性冲突会激发人反思，对班级发展是有益

处的。

再如，通常人们都认为成功可以激励学生，失败只会让人沮丧。但其实，只要善加利用，挫折、失败也是非常好的教育机会。

在善于激发学生的班主任眼里，一切现象、问题、案例都是教育资源，也是激发学生的素材。智慧的班主任总是会巧妙地利用他所能得到的资源，因为他深信"世界上没有垃圾，垃圾只是放错了地方的资源"。他总是能够变换观察问题的视角，变问题为课题，变不利为有利，变被动为主动。这种良好的心态和智慧的处理方式可以让教师的教育能力得到极大提升。这样的班主任本身就是自我激发的典范，他所做的一切必将给学生带来积极甚至终生的影响。

"一切皆教育，无处不激发。"

案例　小卢的故事

小卢是我所带班级的一名很普通的学生，他成绩平平，在体育、文娱方面也没有什么特长。为了写他的故事，我特意调出了他高一第一学期期末考试的成绩（见表 9-1）。

表 9-1　小卢同学的考试成绩及年级排名（全年级 500 人）

语文	排名	数学	排名	英语	排名	总分	排名
67	79	53	265	70	303	190	217

他是个标准的中等生。三门主课，只有语文稍好一点儿，数学和英语都比较差。在这个"人才济济"的班级里，论考试成绩他根本排不上号。一次美术课上，老师要求学生回答一个问题。别人只回答一两句话，轮到他时，他居然滔滔不绝地讲了 20 分钟，讲到激动之处，竟然走到讲台前拿起老师的课本，给同学们上起课来。他沉浸在自己的世界里，完全没有意识到这是在老师的课堂上。我们惊奇地发现，他博学多才，而且有语言天分，表达能力是一流的。他的即兴发挥引来了满堂喝彩。那天我正巧就在下面听课，我和科任教师谁都没有打断他，任由他"霸占"讲台。课后我了解到这个孩子从小博览群书，百科知识丰富，而数学和英语并非他的强项。他属于典型的那种"会的不考，考的不会"的学生。我当即决定为他提供机会——开设讲坛，让他把自己所学的东西充分展示出来，和

同学们分享。于是，为一个人专门定制的《小卢讲坛》顺利开播，每两到三周一次。他精心准备，乐此不疲，为同学们献上了一次次精彩的演讲。他成了班级里名副其实的"明星"。

他在离开我的班级前，和我畅谈了一次。其中他有几句话给我留下了深刻的印象："可能再也不会有这样一个班级，能如此群星璀璨；可能再也不会有这样一群学生，会这般惊艳了时光。"（大意）

什么叫"群星璀璨"？由一群普通学生组成的班级缘何能群星璀璨？我想，那不过是因为班级为各种学生都提供了合适的舞台，每一个学生都有机会在舞台上展示最好的自己。当每个人都被激发起来，成为最好的自己时，这样的班级，哪怕再普通，也一定是星光灿烂的班级。

我一直在思考一个问题：一个班级能不能让学生在一个大的发展框架（如健康成长、积极向上）下，按照自己的意愿设计目标，尽情地发挥，呈现百花齐放、百舸争流的景象，而班级为他们创造条件、提供舞台，给予他们最需要的帮助，剩下的交给他们？这样的班级就是一片沃土，各种植物都能在上面健康生长；这样的班级就是一片天空，允许各种飞鸟尽情翱翔。这是我理想中的班级，尽管理想总是有些不切合实际，但它是美好的。我所有的努力，都是在试图接近这个理想。

出 版 人 李　东
责任编辑 池春燕
内文设计 许　扬
封面设计 朱静蔚
责任校对 贾静芳
责任印制 叶小峰

图书在版编目（CIP）数据

班主任工作思维导图 / 陈宇著. —北京：教育科学
出版社，2019.6（2024.7重印）
　　ISBN 978 - 7 - 5191 - 1898 - 3

　　Ⅰ.① 班…　Ⅱ.① 陈…　Ⅲ.① 班主任工作
Ⅳ.① G451.6

中国版本图书馆CIP数据核字（2019）第 085334 号

班主任工作思维导图
BANZHUREN GONGZUO SIWEI DAOTU

出 版 发 行	教育科学出版社		
社　　　址	北京·朝阳区安慧北里安园甲9号	邮　　编	100101
总编室电话	010 - 64981290	编辑部电话	010 - 64989441
出版部电话	010 - 64989487	市场部电话	010 - 64989009
传　　真	010 - 64891796	网　　址	http://www.esph.com.cn
经　　销	各地新华书店		
印　　刷	运河（唐山）印务有限公司		
开　　本	787 毫米 × 1092 毫米　1/16	版　次	2019年6月第1版
印　　张	12	印　次	2024 年7月第17次印刷
字　　数	200 千	定　价	68.00 元

图书出现印装质量问题，本社负责调换。